悩みも病気もないDNA
宇宙人になる方法

88次元 Fa-A ドクタードルフィン

松久 正

ヒカルランド

私は、宇宙人そのものです。
ただ、地球人のふりをしています。
地球人をやっていないと
この世に住めないからですが、
私は88次元で、
地球レベルで最高のところにつながっています。

宇宙人になりたいのなら、
わがままに生きなさい。
地球人は脳を使って謙虚に生きていますが、
宇宙人は脳を使わずに魂の赴くまま、
相手のことを考えず、
わがままに生きています。

地球人が宇宙人になることは、
決して難しいことではありません。
あなたがこの瞬間に死んでも、
最高の自分である。最高の人生である。
誰ともかわりたくない。自分しかない。
ほかの人生とはかえられない。
そう素直に受け止めることが、
あなたが宇宙人になっていく証しです。

ブラックホール、
ホワイトホールは珪素でできています。
超高密度の珪素がブラックホール、
ホワイトホールをつくります。
これは誰も言っていません。
そこでポーンと消えて、
ポーンと出てくるのです。

チャンスは今ここにあるのです。
常にブラックホールで消えて、
ホワイトホールで出て、ポンポンポンと
1秒間に何回出ているかわかりません。
何回チャンスを逃しているのでしょうか。
宇宙人はそれを知っているから、
地球人はもがきたいんだなと思っています。

イラスト　井塚 剛
デザイン　三瓶可南子
編集協力　宮田速記
校正　麦秋アートセンター

悩みも病気もないDNA　宇宙人になる方法　目次

宇宙人になるには地球人と反対のことをやりなさい！

Part 2 ゴールは持つな！ すべては「パラレル自分宇宙」にある！

Part 3 珪素とブラックホールとホワイトホール、誰も言っていない宇宙のしくみ！

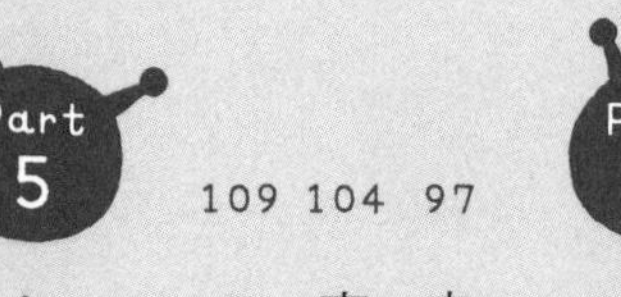

Part 4 透明化（宇宙人化）してゆく人間をサポートする！

Part 5 さあ、あなたも宇宙人になろう！

Part 6 宇宙人になるための究極の秘訣！

Part 7 これがあなたの宇宙人度！

宇宙人になるには地球人と反対のことをやりなさい！

Part 1

今こそ宇宙人に生まれ変わるチャンス

宇宙人になる方法？　何だ、これは。

医者がこんなタイトルの本を出すなんて、誰も思いません。

ただ、誰かが想像できることをやってもつまらないし、何の成長にもなりません。

これぐらいがちょうどいいのです。

サブタイトルは、「悩みも病気もないＤＮＡ」です。

皆さんはこの地球に来て、今、せっかく生まれ変わるチャンスを迎えているのに、それを棒に振りますか。

いつまでも地球人をやって、もがき続けますか。

最期（さいご）は、こんな人生のはずではなかったのにと思って終えますか。

またの人生を、そういうふうに始めるのですか。

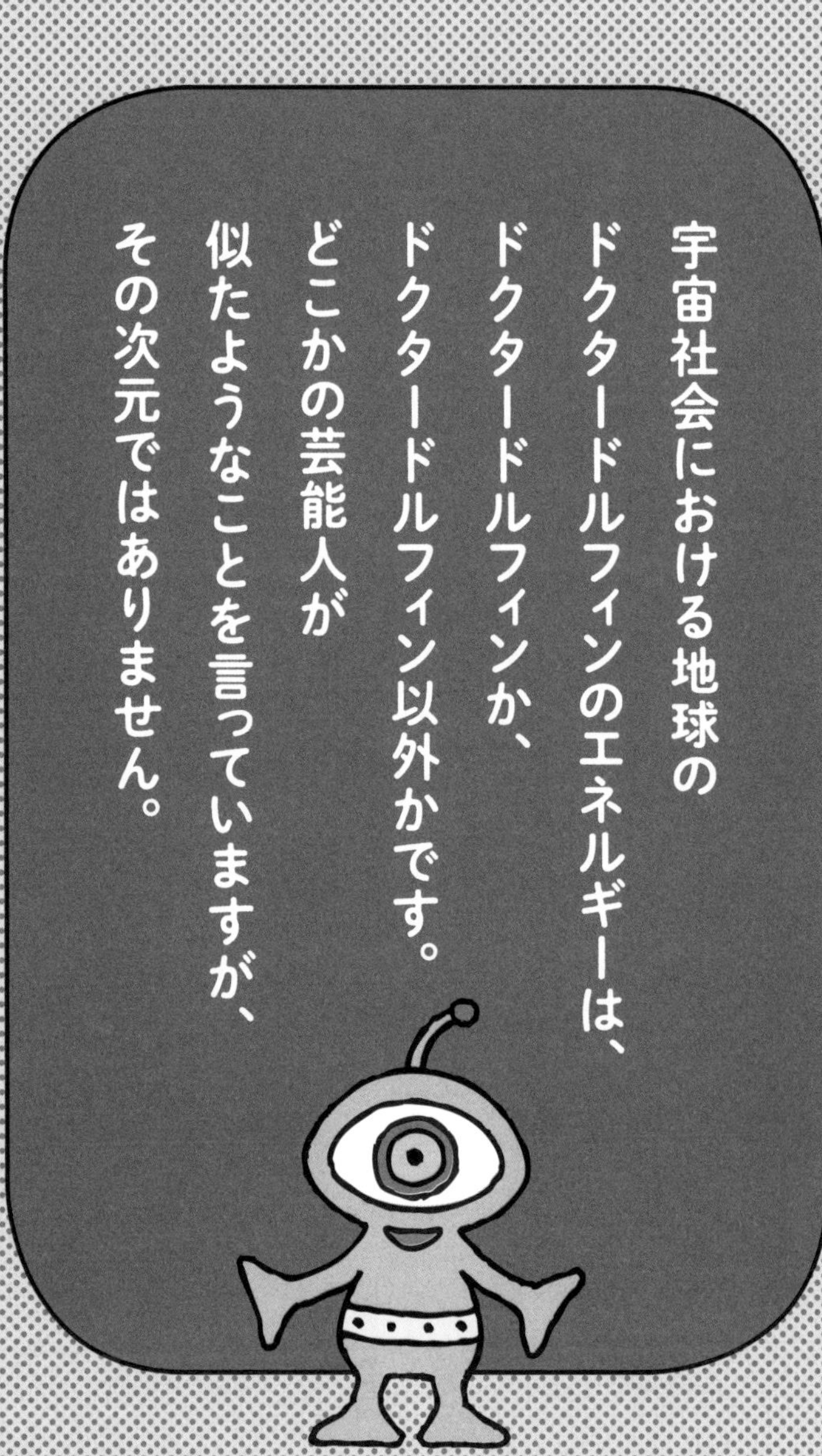
宇宙社会における地球の
ドクタードルフィンのエネルギーは、
ドクタードルフィンか、
ドクタードルフィン以外かです。
どこかの芸能人が
似たようなことを言っていますが、
その次元ではありません。

私のエネルギーレベルは高過ぎて、
キャラが立ち過ぎて
誰もついてこれない。
誰も理解できない。
だから、面白いのです。
だから、役に立つのです。

私、ドクタードルフィンがこの世に生きている時代に、皆さんが一緒に生きているということは、宇宙の勲章です。

おめでとうございます。

もうズバリ言います。

私は、遠慮することは一切なくなりました。

メディアに打たれて強くなりました。

宇宙社会における地球のドクタードルフィンのエネルギーは、ドクタードルフィンか、ドクタードルフィン以外かです。

どこかの芸能人が似たようなことを言っていますが、その次元ではありません。

私のエネルギーレベルは高過ぎて、キャラが立ち過ぎて誰もついてこれない。

誰も理解できない。

だから、面白いのです。

だから、役に立つのです。

私も、子どものころからこの地球は生きにくいなと思いながら、ずっと親に言われたとおり、社会に言われたとおりに一生懸命生きてきたのですが、どうやら違う。

何でこんなにもがくのだろうと思ったのです。

実は、私は宇宙人の魂（たましい）のまま地球に来ていたみたいなのです。

それに気づくのに50年近くかかってしまった。

かかる必要があったのです。

今までの地球社会はそれでよかったのです。

それまでの次元は、親兄弟、学校、社会に教わってきたように生きていればよかったのですが、これから地球が生まれ変わる一大イベントがあります。

私は、ヒカルランドから『イルミナティとフリーメイソンとドクタードルフィン』を出版しました。

そういう本を出したら、今までは一瞬で殺されてきましたが、私は生きています。

それは、私のエネルギーが彼らより高いからです。

彼らは悪役をやっていたのです。

私は悪役に感謝して、彼らを書き換えました。

だから、いよいよみろくの世、愛と調和の世を迎えることになりました。

私は、ガイア（地球の生命エネルギー）のエネルギーも書き換えています。

屋久杉も書き換えました。

今年（２０２０年）の台風の進路はおかしいと思いませんか。

４つの台風が、メディアの予測に反して、日本列島直撃を避けて、それていった。

私の言っているとおりです。

私が屋久杉を開いたから、全国のスギ、世界中のスギが開きました。

私が、屋久杉の男性性を女性性に書き換えたのです。

台風は女性性ですから、女性性のところには来ません。

男性性のところ、中国とか朝鮮半島に向かいます。

愛と調和からちょっと遠いところに行きます。

日本列島は、愛と調和のレムリアの世を再興させるという大事な役割を担っています。だから、守られるのです。

私がそれを築いてきました。

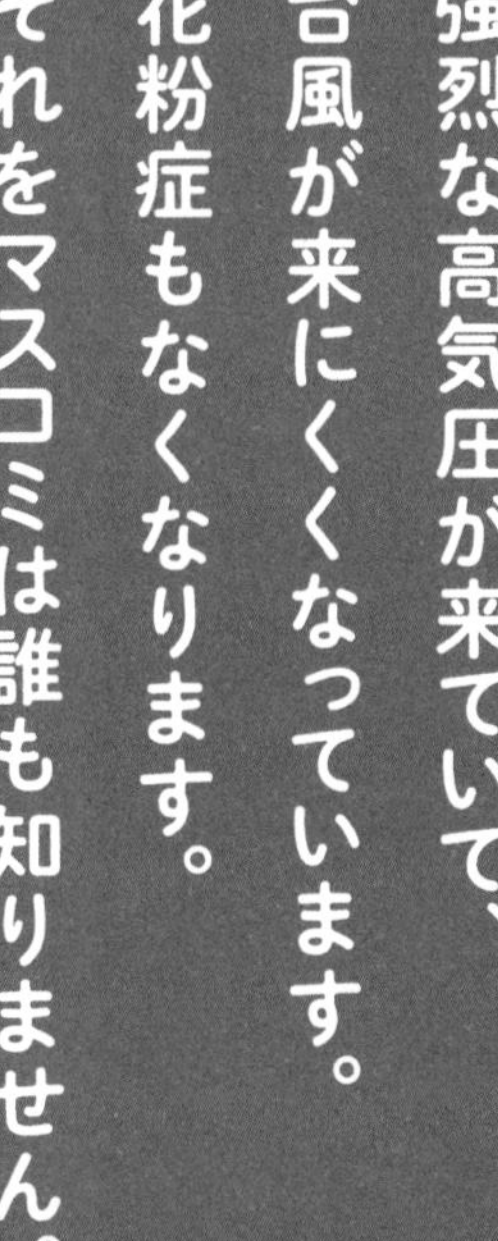

私がスギの花粉の遺伝子を
書き換えたから、
強烈な高気圧が来ていて、
台風が来にくくなっています。
花粉症もなくなります。
それをマスコミは誰も知りません。

だから、台風はそこを避けていくわけです。

スギは、屋久島が最南端で、北は北海道まで分布しています。

私がスギの花粉の遺伝子を書き換えたから、強烈な高気圧が来ていて、台風が来にくくなっています。花粉症もなくなります。それをマスコミは誰も知りません。

地球人と宇宙人の違い

私は、宇宙人そのものです。

ただ、地球人のふりをしています。

地球人をやっていないとこの世に住めないからですが、私は88次元で、地球レベルで最高のところにつながっています。

地球人は、こうであるべき、こうなるべきと、いつももがいています。

宇宙人は、これでいいんだということで、自分を変える必要は何もありません。

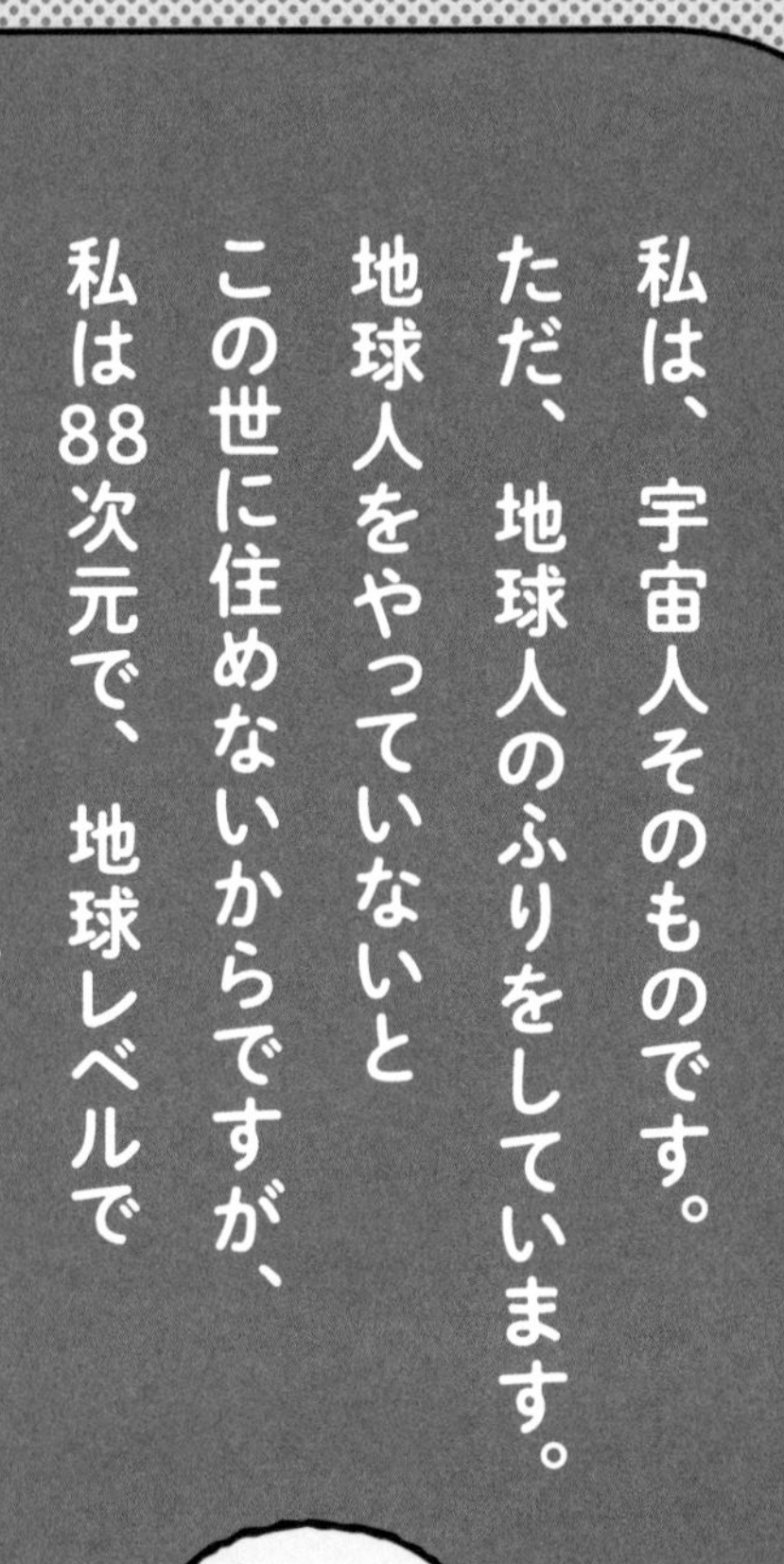

私は、宇宙人そのものです。
ただ、地球人のふりをしています。
地球人をやっていないと
この世に住めないからですが、
私は88次元で、地球レベルで
最高のところにつながっています。

今の自分を精いっぱい楽しむことができます。

本質的に、宇宙の存在たちは20次元、30次元という高い次元ですから、悩みとか困難を持ちません。

症状、病気もほとんど持ちません。

遊び程度にちょっとあるのは、そのほうが退屈しないからです。

それが宇宙に存在する生命の本来の姿です。

しかし、地球人はもがくのが当たり前だと思って生きています。

これが大きなトリックでした。

今までは、地球人一人一人が無力だ、一人では何もできないんだと思い込まされる社会がつくられてきました。

それはもちろんイルミナティ、フリーメイソンのしわざでした。

でも、私が彼らのスーパートップとコミュニケーションをとって、地球人一人一人は宇宙とつながっていいですよという合意を得たので、これから変わっていきます。

今までは地球人の松果体が閉じていましたが、宇宙とつながってくる時代です。

本質的に、宇宙の存在たちは20次元、
30次元という高い次元ですから、
悩みとか困難を持ちません。
症状、病気もほとんど持ちません。
遊び程度にちょっとあるのは、
そのほうが退屈しないからです。
それが宇宙に存在する生命の本来の姿です。

だから、この本の内容が非常に大事になるのです。

今、いろんなスピリチュアルを勉強したり、人生で成功する哲学とか生き方を勉強している人がたくさんいますが、一方で、うつ病になったり、心療内科に通っている人もいっぱいいるのです。

先日、ユニセフの調査結果がメディアで伝えられました。

世界の先進・新興国38カ国の中で、日本の子どもの精神の幸福度は日本は世界で37位です。身体的健康は1位でした。学力や社会的スキルは27位でした。

でも、幸福じゃないから自殺しちゃうのです。

日本はこれからのみろくの世のリーダーとなるように私が開いてきているのに、こんな世の中ではダメです。

地球人をやっていては死にたくなります。

地球人はうまくいかない。

今まで親、家族、学校、社会から、こうあるべき、こうなるべきと教わってきました。「そんなにうまくいくはずないじゃない。謙虚になりなさい」と教えられてきました。

今までは教えられたとおりにやらざるを得なかったのですが、もうやらなくてよくなったのです。

教わってきたことの逆をやる

宇宙人になるために一番大事なことは、今までの逆をやることです。

親に「よい子になりなさい」と言われたでしょう。

宇宙人になる第一の秘訣は、悪い子になりなさい。これはものすごく大事です。

そして、「親の言うことを聞きなさい。先生の言うことを聞きなさい」と教わってきたでしょう。

これは自分が心地いいな、自分の成長になるなと思ったら言うことを聞いてもいいのですが、自分がハッピーにならないと思ったら「NO」と言っていい時代に入りま

した。

宇宙人になるには、そこから変えていかないとダメです。

「いい学校に行って、いい仕事について、いい生活をするために、勉強をいっぱいしなさい」と教わってきました。

宇宙人になるには、いい学校に入るため、いい仕事につくため、いい生活をするために勉強するのであれば、勉強をやめなさい。

そんな勉強をしていたら、あなたのエネルギーはどんどん下がります。

どんどん宇宙とつながらなくなります。

本来の幸せから遠ざかって、完全な地球人になってしまう。

宇宙人は、「楽で愉しい」ということがポイントになります。

地球人は、楽だけ、愉しいだけのどちらか片方が多かったのですが、宇宙人には、両方が必要です。

自分が勉強していて、すごくハッピーだ、愉しいというのだったら、すればいい。

また、「弱い人を助けなさい」と言われています。

宇宙人になる第一の秘訣は、
悪い子になりなさい。
これはものすごく大事です。
宇宙人になるには、
人を助けてはダメなんです。

今までの地球次元では、それが重要でした。

でも、あなたが宇宙人になるということは、次元上昇して進化した生命になるということです。

宇宙人になるには、人を助けてはダメなんです。

その人自身が望んでその悩み、困難を持つのだから、それを助けるのでなくて、やるとしたらサポート、アドバイスぐらいです。

「あなた、悩んでいて最高ね。進化・成長するチャンスね。うらやましい。私も悩みたい」と言ってあげればいい。

病気している人には、「病気ってどんな感じ？　あなた、チャレンジャーね。勇気があるわ。尊敬するわ。もっと病気になればいいのに」と言ってあげればいいのです。

今までみたいに人の気持ちばかり考えて、こう言ったら人が傷つく。元気がなくなる。自分が悪く思われてしまう。そんな地球人はやめなさい。

そんなルールを持っているのは地球人だけです。

宇宙人は、自分の感じたことしか言わない。

宇宙人は、自分の感じたことしか言わない。
感じたままを言うことが
相手のためになるのです。
相手のためになると思って
優しい言葉を吐いたり、
ウソをついても、実は魂的には、
相手のためにならないのです。

感じたままを言うことが相手のためになるのです。

相手のためになると思って優しい言葉を吐いたり、ウソをついても、実は魂的には、相手のためにならないのです。

もっと傷ついたほうがいい、もっと悩んだほうがいい、もっともがいたほうがいいということがたくさんあります。

宇宙人になるために一番よくないのは、社会に評価される人間です。

今の世の中のエネルギーを私が読むと、非常に低い3・5次元で、がんじがらめの世界です。

そんなところで「すばらしいね」と評価される人間は、宇宙から見ると最低です。

地球で褒（ほ）められたら最低と思ってください。

私を見なさい。地球では褒められていません。

最近、動画を見ると、「ドクタードルフィンは何者?!」とか、「ドクタードルフィンの正体」とか、いろいろ言っている人がいっぱいいます。

あんなのは見ないでください。

宇宙人になるために一番よくないのは、
社会に評価される人間です。
非常に低い3.5次元で、がんじがらめ
の世界です。そんなところで
「すばらしいね」と評価される
人間は、宇宙から見ると最低です。
地球で褒められたら最低と思ってください。

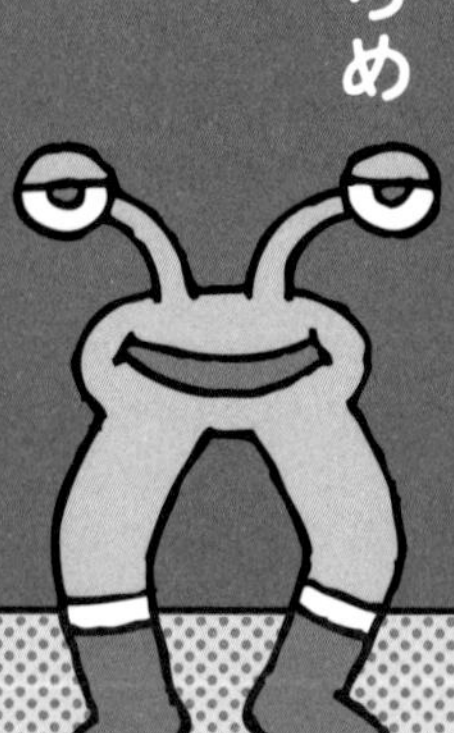

全然外れたことを言っています。

「週刊文春」砲の2週目のトップ記事で、トップ政治家たちの顔写真と一緒に私の顔写真も出ました。

安倍首相（その当時）、昭恵さん、そして私がいて、菅官房長官（その当時）、小池東京都知事がいました。

その中で、私が一番目立っていました。

あれは彼らの企みであって、私が陰で国の政治を動かしている、世界を動かしているということを彼らは敏感に察しているのです。

ただ、そのとおりだから、それはしようがないのです。

私は安倍さんも定期的にエネルギー的にサポートしていますし、天皇エネルギーもサポートさせていただいていますし、宇宙も書き換えています。

そうでないと皆さんにお教えできません。

偏差値が高いから、見栄（みば）えがいいから、世間体がいいからと、いい大学に行くのはやめなさい。

自分が本当に興味を持っている分野の大学に行くことです。
大学に行かなくてもいいし、そもそも学校に行かなくてもよくなります。
学校に行くぐらいだったら、私のみろくスクールにいらっしゃい。
「いい仕事につきなさい」と教えられます。
「いい仕事」って何ですか。
大企業？　安定している公務員？
私は二つとも全然興味がありません。
あなたの魂が震えることをしなさい。
今までは体裁から入ったけれども、これからはあなたの魂から入りなさい。

本当にやりたいことにフォーカスする

宇宙人は罪悪感、後悔を持ちません。

宇宙人は罪悪感、後悔を持ちません。
地球人は、みんな罪悪感、
後悔を持っています。
あなたの魂は
「罪悪感、アイシテル！
チュッチュッ！」と
いつもハグしています。

地球人は、みんな罪悪感、後悔を持っています。

そんなものは持たないほうがいいのに、みんな大好きなのです。

「罪悪感はイヤ、後悔もしたくない！」というのはあなたの脳が言わせているだけで、あなたの魂は「罪悪感、アイシテル！　チュッチュッ！」といつもハグしています。

「あなたなしには生きていけないわ」と、後悔を抱き締めて放しません。

地球人の特性は、脳では「こうしたくない。こうありたい」と言うのですが、本当のあなたの本性は魂で、それが宇宙人のエネルギーです。

地球人は脳で「こうありたい。こうなりたい」と一生懸命言いますが、それは親に「こうなりなさい」と言われたことが大きいのです。

もしくは、学校の先生に「こうなるのよ。こうなっちゃダメよ」と教わってきた。

それが潜在意識にあって、ずっとあなたの脳を操っていて、「こうありたい。こうなりたい」と言っているのです。

地球人の特性は、あなたにマイナスなものをなくそうとします。

あなたにマイナスと感じるものを取り去ろう、なくそうとします。

地球人は、みんなができることはできなければダメだと教わってきました。

それがあなたの意識の底に強烈にしがみついています。

私は劣っているとか、私はできないとか、ダメだとか。

宇宙人は逆で、自分が人と違っていることを喜びます。

みんなはできなくて、自分ができることを一番喜ぶのですが、みんながてきて、自分だけできないことも喜びます。

ほかの人ができても自分だけできないものを持っているから、逆に、ほかの人ができなくても、自分だけにしかできないことがある。

本当に宇宙人になりたかったら、みんながてきることをやろうとするのをやめなさい。

あなたの魂が喜ばないのに、あなたの本質が求めていないのに、周囲がやれ、社会がやれと言うからやるということは全部捨ててしまいなさい。

これは地球人が一番できていないことで、地球人の特性です。

これをやらないと体裁が悪いとか、家族に申しわけないとか、友達に悪いとか、社会の目があるとか、そんな理由でやっていることばかりです。

私はあなたたちを見ていると、あなたが本当に何をやりたいのかさっぱりわかりません。

宇宙人は、やりたいことしかやりません。

それにしかフォーカスしていないから、宇宙人に「きょうはお天気がいいわね」と言っても、例えばプラモデルが好きな宇宙人だったら、「ところで、ガンダムのあそこのパーツは……」と、違うことを話し出します。

ここが大事なところです。

本当のピュアな宇宙人は、「あなた、きょうのピンクのスーツ、いいわね」と褒められても、「ところで、今晩は何を食べようかな」と答える。

要するに、相手のことなんかどうでもいいのです。

それに対して、今まで地球人は、「あの人はおかしい」「あの人は変」「イっちゃってる」「あの人とは距離を置いたほうがいい」「あの人はヤバイ」と言ってきました。

地球人は、自分以外をハッピーにさせることに一生懸命なのです。

超古代から今に至るまで、自分を喜ばせるすべを持っていない。

自分を喜ばせることもできないのに、自分以外ばかり喜ばせようと思って一生懸命です。

気遣ってばかりです。

例えば、目の前にいる女性が元気でピカピカしていたら、「あなたの顔はつるつるで、なでてあげたいくらい」と言います。

でも、次に会ったときにちょっとやつれていたら、宇宙人は速攻で「あなた、きょうはダメね。顔がシワクチャ！」とストレートに言います。

しかも、進化している宇宙人ほど直接的です。

あまり進化していない宇宙人は、ちょっと気を遣（つか）ってしまいます。

「あなた、最近忙しいんじゃない？」とか間接的に攻めていって、本当に言いたいことを言わないのです。

言われたほうも、「私、最近ドクタードルフィンでいろいろ勉強しているから大丈夫よ」とか言って、ごまかします。

宇宙人は、やりたいことしかやりません。
相手のことなんか
どうでもいいのです。
宇宙人は、傷つけることは
相手にとって
最高のご褒美だと知っています。

ごまかされると、言いたいことが言えなくなってしまいます。
でも、「シワクチャね」と、言いたいことを言ったらすごく気持ちがいいのです。
あなたが次元上昇してエネルギーを上げたいなら、言いたいことを言いなさい。
地球人が宇宙人になっていくには、これがすごく重要なことです。
地球人は、人を傷つけてはいけないと思っているでしょう。
過去に人を傷つけちゃったと、いまだに引きずっている人がいます。
そんな人は地球の隅にも置けない。
宇宙人は、傷つけることは相手にとって最高のご褒美だと知っています。

宇宙では、プラスとマイナスが同時に生まれる

地球人は、ポジティブとネガティブ、陽と陰、明と暗があったら、ポジティブ・陽・明ばかり評価して、そちらばかり生み出そうとしています。

ネガティブのほうは伏せています。

でも、宇宙の本質を知りなさい。宇宙の本質は、プラスとマイナスがずっと一緒に存在してきたのです。

宇宙の発生は、今の宇宙科学では137億年前だと言われていますが、私がエネルギーを読むと、実はその10倍の1370億年前です。

地球のエネルギーがどんどん進化してきているから時空間が変わってきて、宇宙科学も変わっていきます。

最初に生まれたときは0次元ですが、実は最初に生まれたときから、プラスだけ、マイナスだけでは生まれていません。

プラスとマイナスが同時に生まれています。

私たちの社会は片方だけしか表現できないのですが、もう片方も同時にそこに存在しています。

マイナスがあったら、同時にそこにプラスも存在しているのですが、それは目に見えないので存在しないと思ってしまって、片方しか見ないのです。

宇宙の本質を知りなさい。
宇宙の本質は、プラスとマイナスが
ずっと一緒に存在してきたのです。
ある程度高次元の宇宙人、
楽で愉しく生きる宇宙人は、
地球人と逆のマイナスのほうに
フォーカスすることによって、
プラスを生み出すことを知っています。

地球人はプラスばかりにフォーカスするから、
マイナスが生まれてきます。
逆にマイナスのエネルギーを
わざと受けに行って、
それを愉しむようになったら、
結果としてプラスしか起こってきません。
これが宇宙の大原則です。

でも、ある程度高次元の宇宙人、楽で愉しく生きる宇宙人は、地球人と逆のマイナスのほうにフォーカスすることによって、プラスを生み出すことを知っています。

地球人はプラスばかりにフォーカスするから、マイナスが生まれてきます。

なぜかというと、プラスとマイナスは同じエネルギー量があります。

地球人がプラスにばかりエネルギーを使ってしまうと、マイナスのエネルギーを受けるしかない。逆にマイナスのエネルギーをわざと受けに行って、それを愉しむようになったら、結果としてプラスしか起こってきません。これが宇宙の大原則です。

宇宙人になる方法は、地球人と反対のことをやりなさい。

魂が本当に心地いいことはそのままやったらいいのですが、魂が心地よくないのにやっていたことが、生活面とか、仕事面とか、社会面でいろいろあるでしょう。

それと反対のことをやりなさい。

極端に言うと、今まで友達がいなければ自分は幸せになれない、愉しくない、ハッピーじゃないと思っていた人は、もう友達をつくらない。一人でいなさい。

いろんなことを逆にしてみるといいのです。

例えば、夜は寝ないといけないと思って、全然眠れないと焦るぐらいだったら、起きていなさい。

食事は食べたくなかったら全然食べなくていいし、食べたかったら食べなさい。

今までの常識と固定観念、1日3食とか、運動の必要性とか、昼間働くのが当たり前だとかいうことは、本当に考え直す時期が来ました。

あなたの魂が本当にそれで喜んでいるか。

喜んでいなかったら捨てていきなさい。

あなたがそれを捨てたら、「あなた大丈夫? おかしいんじゃない? そんなことをしていたら暮らしていけなくなるよ。死んじゃうよ」と言われるでしょう。

でも、宇宙人になるには、そこが一番大事なのです。

そのとき、あなたがずっと地球人でいたいのだったら、そのまま不安と恐怖を感じて、今までの地球人をやったらいいのですが、みろくの世が誕生するこのチャンスに自分を変えたいのであれば、人からどう言われても気にしないことです。

人に相談しない

一番よくないのは、友達とか、とくに親兄弟に相談することです。

地球人は、不安とか、恐怖とか、怒りとか、悲しみを持ったり、愛に飢えたりすると、すぐ友達とか親兄弟、家族に頼って、自分を救ってもらおうとしますが、この人たちは、宇宙レベルで言うと最低限のアドバイスしかできません。

友達や家族はエゴの塊（かたまり）だから、その場を乗り切ればいい、自分たちだけよければいいというのがどうしても出てしまいます。

あなたがほかの人に相談されたとき、「大変ねえ。じゃ、助けてあげる。カンパしてあげる」とか、「きょう、おごってあげる」とか、「悩みを聞いてあげる」とか言っていませんか。

それであなたが本当に楽で愉しいならいいのですが、あなたに負担がかかるし、本

宇宙人は友達をつくりません。
私、ドクタードルフィンの
友達の数を知っていますか。
地球人の友達はゼロです。
だから、私は今、
こういう本が書けるのです。

当はやりたくないのだったら、やらないことです。

宇宙人は友達をつくりません。

私、ドクタードルフィンの友達の数を知っていますか。地球人の友達はゼロです。

だから、私は今、こういう本が書けるのです。

地球人が私についていていたら、私はこんなに羽ばたけません。

宇宙人は一人きりが大好きです。

一人になったときに、自分というものが見えてきます。

宇宙人にとって、友達は遊びのときだけです。

彼らはふだんは体を持っていないのですが、次元エネルギーをちょっと落として体を持つこともできます。

そういうときに鬼ごっこしたり、かくれんぼしたりする友達をつくります。

しかし、答えは自分の大もとにしかないと知っているのです。

だから、自分以外のところに答えを求めに行かないのです。

本とか、動画とか、講演会とか、人に話を聞いたりということもしません。

答えは自分の大もとにしかないと
知っているのです。
だから、自分以外のところに
答えを求めに行かないのです。
本とか、動画とか、講演会とか、
人に話を聞いたりということもしません。

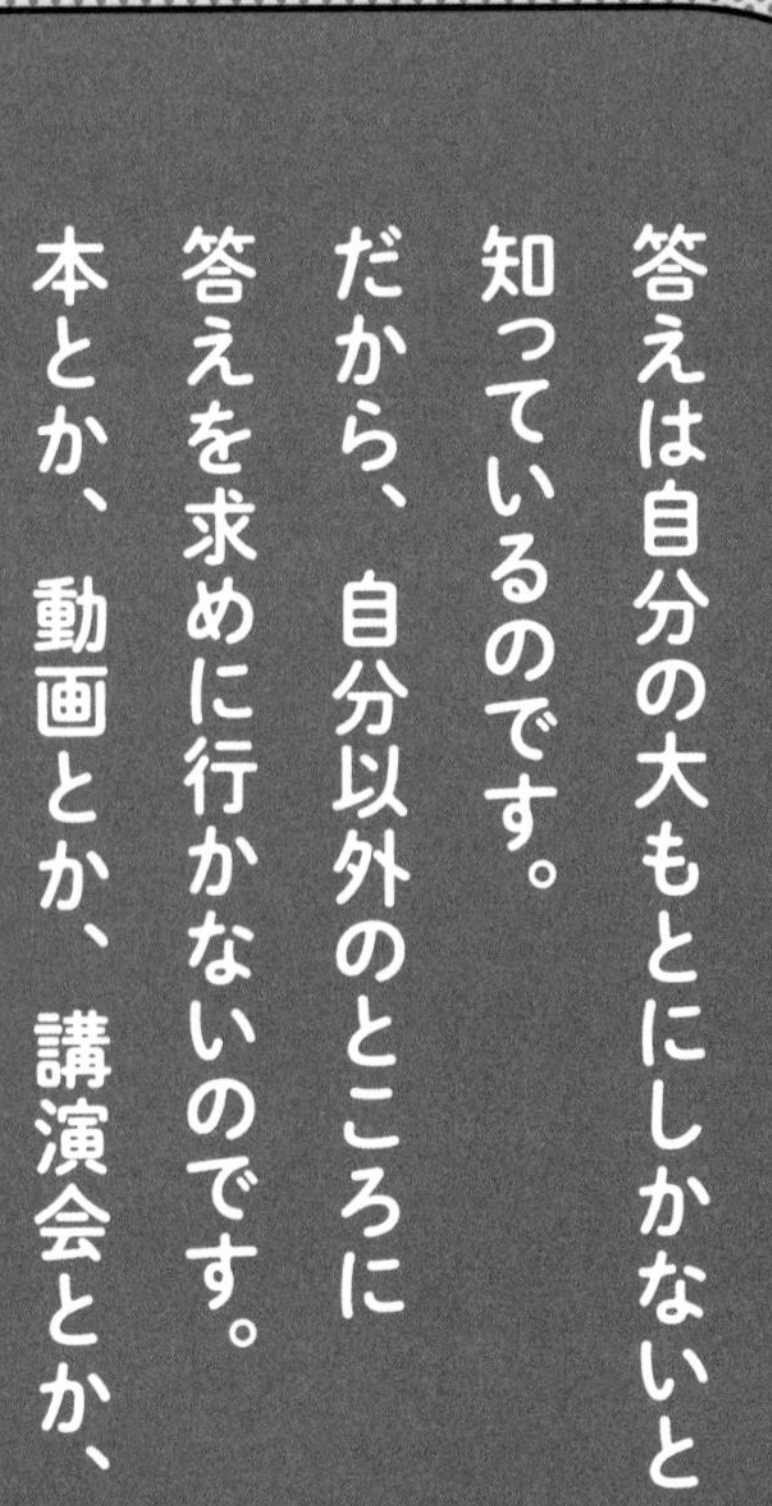

宇宙人を描いた絵に、よく頭の大きい宇宙人がいますが、それは次元が低い。

次元が上がると頭が小さくなります。

ドクタードルフィンは脳みそが小さいのです。

35歳のとき、アメリカで頭を打ってMRIを撮ったら、先生がビビッていました。

「これはあなたですか。あなたは年寄りみたいな脳をしていますね」と英語で言われました。

小さくてシワクチャでした。

萎(しぼ)んでいました。

私は脳をほとんど使っていません。

脳を使うとどんどん退化してしまいます。

宇宙人もどんどん進化してくると、脳が小さくなっていきます。

ゴールは持つな！
すべては
「パラレル自分宇宙」
にある！

Part 2

クイックキャッチ＆スローリリース

地球人はどうしてエネルギーを上げられないのか。
いつまでもがく存在のままでいるのか。
その大きな理由は、プロセスとゴールをつくったからです。
まず計画を立てて、ゴールを持ちなさいと、学校でも仕事でも教わってきました。
いまだにビジネスマンはそうです。
私は今、ビジネスマンを教えていますが、プロセスもゴールも持つなと教えています。
今まで地球人は、ある程度できそうかなという範囲の一番上をゴールにしてきました。
私から見ると、全然興味がない領域です。

私は突き抜けたものしか興味がありません。

今までの地球社会は、常識と固定観念でゴールを設定していました。

そこに行くまでのプロセスも第1段階から第5段階までに分けて、うまくいけばゴールまで行きますが、大体はゴールまで行かない。

ゴールを上回ることは、まずありません。

私が言うのは、ゴールなんかない世界です。

その高次元に入っていくための秘訣を、世界で初めて公開します。

ブラックバス釣りなどでは、よくキャッチ&リリースということがありますが、私が提唱するのはクイックキャッチ&スローリリースです。

これが宇宙人になるために非常に大事な意識の持ち方になります。

今まで皆さんが目標とか夢とか望みを持つときに、これは自分には不相応かなとか、いろいろ考えました。

よく親に「その目標はあなたに不相応です。無理です。もっと謙虚に生きなさい」と教わりました。

私が言うのは、
ゴールなんかない世界です。
その高次元に
入っていくための秘訣を、
世界で初めて公開します。

ブラックバス釣りなどでは、
よくキャッチ＆リリースということが
ありますが、私が提唱するのは
クイックキャッチ＆
スローリリースです。
これが宇宙人になるために
非常に大事な意識の持ち方になります。

宇宙人は謙虚ではありません。

謙虚に生きないでください。

宇宙人になりたいのなら、わがままに生きなさい。

地球人は脳を使って謙虚に生きていますが、宇宙人は脳を使わずに魂の赴(おもむ)くまま、相手のことを考えず、わがままに生きています。

皆さんは、そんなふうになれるわけないでしょうと、ゴールとか望みに制限をかけています。

あそこにあんなキラキラしたすばらしい世界があるのに、見てしまうと自分がつらいから、あたかもそんなものはないみたいに、無理に見ないようにしているのです。

ゴールをつくるのも、この辺をゴールにしようか、いや、この辺まで行こうかな、こっちかなと、日がわりコースみたいに自分の望みがいつも変わっていて、何を望んでいるか自分でもわからなくなっています。

松果体が緩んだときにクイックキャッチ

松果体が緩んだときに、あなたが感じることが一番大事です。

松果体が緩むというのは、ポータルのシリコンホールのブラックホール、ホワイトホールが開いて、宇宙の高次元の自分、宇宙の叡智とつながることです。

例えば、トイレでチャックを開いて放尿する瞬間、すっと副交感神経が優位になって、ポータルが開いて宇宙とつながります。

あるいは、ポータルが開くのは、時空間のエネルギーのいいところで森林浴をしたり、海辺にいたり、太陽を穏やかに浴びるときです。お風呂につかったときも、そうです。

そのとき、自分がこういうことをやってみたいなとか、こういう世界があるんだと感じます。

そこが宇宙人になるための勝負です。

パッと思い浮かんだということは、既にパラレルに、同時に、今ここにあるのです。

それをつかみ取る、入れかえるだけです。

今まであなたたちが、高望みするな、こんなことは無理だ、ダメダメと言われてきたから、抑えつけて見ないようにしてきた世界を、その瞬間に、あえて見るわけです。

今までは、そんな世界はどこにも存在しない、この宇宙はここだけだと思い込んでいたから、あなたたちは無理だと思って、すぐ引き揚げてしまった。

でも、あなたの脳に浮かんでいることは、私が『多次元パラレル自分宇宙』（徳間書店）に書いたように、既に存在しています。

そこに乗り移ればいいだけです。

あとは、乗り移り方です。

パッと浮かんだら、「私、この世界、好き。この世界に行く」と選択すればいい。

それは親、兄弟、学校、社会に言われてきたようなわがままでも何でもないし、身分不相応でもない。

どんな地球人にも与えられた権利と可能性です。

貧しいからとか、能力がないからとか、冴えないからということはありません。

生きとし生ける全ての地球人に授けられた宇宙からのギフトです。

あなたが脳で察知する自分は、既に実現可能なのです。

実現可能でなければ、あなたは想像もできない。

想像できないあなたも、実は多次元パラレル自分宇宙にはあるのですが、今、地球人の次元からそこまで到達するのはなかなか難しい。

ただ、想像できる自分になるのは難しくありません。

コツがわかればできます。

そこで大事なのがクイックキャッチです。

皆さんは大体スローキャッチだったから、逃げてしまうのです。

ズボンのチャックをあけて放尿した瞬間にパッと浮かんだビジョンを、チャックを閉じるときには、無理無理、ダメダメと自分を叱りつけてトイレを出てきます。

そんなことばかりやっている地球人は、宇宙人になれるわけがありません。

お金もないし、人脈もないし、
能力もないし、
自分には絶対に無理だ。
周囲と社会も絶対に無理だと言う。
そういうことこそやりなさい。
クイックキャッチしなさい。

今、こんなものになれるわけがない、お金もないし、人脈もないし、能力もないし、自分には絶対に無理だ。

周囲と社会も絶対に無理だと言う。

そういうことこそやりなさい。

それこそ宇宙人になるチャンスです。

人に「あなただったらできるかも。応援するわ」とか、「あなたに合っているかも」と言われたことは、すぐにやめなさい。

大したことはできません。

「そんなの無理、無理。あなた、おかしくなっちゃったの」「どうしたの。絶対無理よ」と言われたことをクイックキャッチしなさい。

宇宙人になる法則は、周囲に絶対ノー、無理と言われることを、瞬間で自分は可能だと設定しなさい。

クイックキャッチがすごく大事です。

スローリリースとは

今、地球で生きている皆さんは、テレビでよからぬニュースを見てネガティブなエネルギーを受けたり、ドクタードルフィンの教えで気づいた話を家で発表すると、妻や夫に「そんなわけのわからないことがうまくいくか。そんな暇があったら早く寝なさい」などと言われて、せっかくキャッチしたものを一気にリリースしてしまっているのです。

地球人はスローキャッチ&クイックリリースです。

つまり、ゴールや望みを持つのに悩んで悩んで、こんなこと自分には無理、自分には不相応、自分はダメだと言って、ゴールを持ちたいのに持てない。

ゴール、望みはモヤッと持って、諦めるときはパッと捨てているのです。

本当はやりたいんだけど、無理だ。

でも、やりたいとゴールを中途半端に持ちながら、テレビとか家族の顔を見ると、「そんなうまい話があるか。現実を生きよ」と一気に3次元に追い込まれて、超地球人の世界にグッと引き込まれます。

家庭は超地球だから、しようがない。みんな同じです。

いつもぷあっていても、家庭に行くとガチッてしまう。

家族を持つとは、そういうことです。

いろんなマイナスを受けて心が折れそうになっても、沈みそうになっても、多次元パラレルには成功している自分があるのだから、タイミングとロケーション、時と場所がやってくれば、自分はそうなるんだと信じる。

それがスローリリースなのです。

無理だなと思うことも出てくるし、日常で生きることで精いっぱいで、いつも自分の夢ばかり、望みばかりにつき合っていられないから、だんだん自分の心から望みがなくなっていく。

でも、一気に諦めることはしない。

沈みそうになっても、多次元パラレルには
成功している自分があるのだから、
タイミングとロケーション、
時と場所がやってくれれば、
私はそうなるんだと信じる。
それがスローリリースなのです。

既に成り立っている現実がパラレルにあって、それを選択するのは今ではない。ドクタードルフィンの学びをやっていたら、そういうタイミングがいつか来るんだとわかります。

ドクタードルフィンの学びでないと無理です。

私以外には無理なのです。これは本当です。

ドクタードルフィンの学びをしていたら、クイックキャッチしたところに必ずたどり着きます。

スローリリースというのは、この前、こんな望みを持ったけれども、別にそうならなくていいわ、自分は絶対に幸せになるんだもの、ドクタードルフィンが言っているように、最高の自分になるんだもの、そう思っていても、違う方向に行くかもしれないけれども、最後はそこにたどり着くことになるだろうから、別に失敗してもいいや、と、緩く手放すことです。

これは宇宙人が大得意です。

宇宙人は、パスタが食べたいと思ったら目の前にパスタがパッとあらわれる。

私みたいに、「この世を終えるのにコーラを一口飲みたい」と言っていると、宇宙人はコーラがパッと出る。

誰々と会いたいと思うと、高次元では、相手の意識がそれを感じてオーケーすれば、目の前に相手があらわれます。

思ったことがすぐに生じるのです。

しかし、相手があるものに関しては、周囲の環境、集合意識があります。

私はドバイで一番金持ちになりたいと思っても、ドバイで一番金持ちと周囲が認めるかどうか。

集合意識がつくられることが大事だから、それに時間がかかります。

その過程でいろいろうまくいかなかったり、いざこざがあったり、やりとりがあったりして、落ち込んだり、諦めそうになるときはあるのですが、そこは大丈夫だとざっくりスローリリースするのです。

今までそんなことは無理、望んではダメと思ったことをクイックキャッチする。

それを何となくでいいから、ずっと頭の中で消さないで持ち続ける。いずれここに

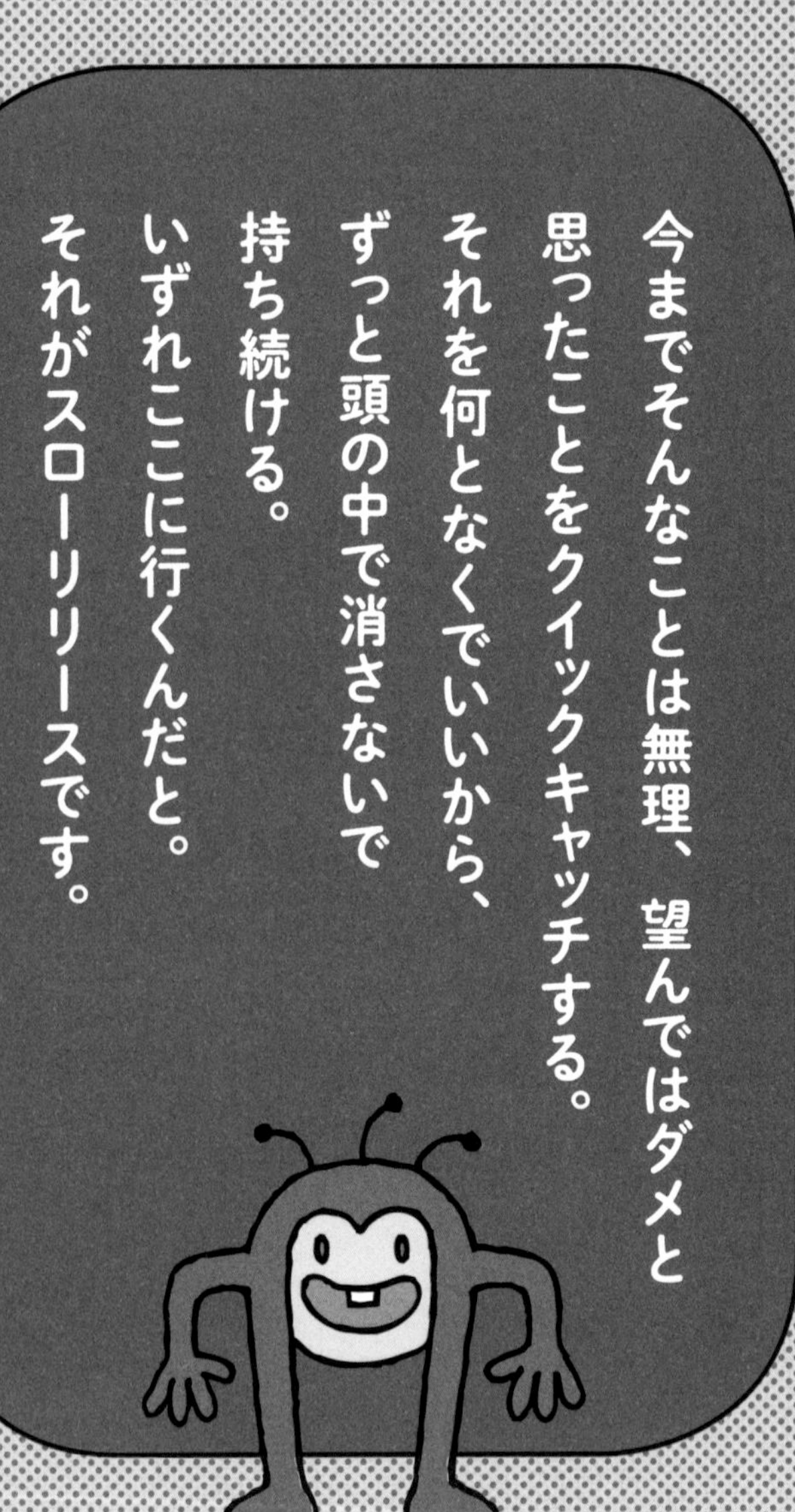
今までそんなことは無理、望んではダメと
思ったことをクイックキャッチする。
それを何となくでいいから、
ずっと頭の中で消さないで
持ち続ける。
いずれここに行くんだと。
それがスローリリースです。

行くんだと。少しずつ、手放していく感じ。それがスローリリースです。

あなたが輝いていると、望むものが向こうから寄ってくる

あなたたちは、なぜ望んだことにたどり着けなかったか。それは明らかに地球次元のサポートしかつけていなかったからです。

家族、友人、政府、役所、そんな地球レベルのサポートでは何も実現しません。

実現したとしても、10万円の援助をもらうとかＧｏ　Ｔｏ　イートで出かけるという程度で、魂からしたら、そんなものはどうでもいいのです。

魂は、もっと大きいことを望んでいます。

その実現には、宇宙次元のサポートが必要なのです。

地球人は、魂にとってどうでもいいことに操られる人間になってしまっています。

結婚して家庭を持つことが幸せ。

子どもがいるのが幸せ。

収入が多いのが幸せ。

いい仕事につくのが幸せ。

いい肩書が幸せ。

宇宙人は全部そうではありません。

宇宙人は、お金がなくていい。

肩書も仕事も何もなくていい。

家族も子どもも要りません。

宇宙人はそういうものを望まないから、向こうからお金や仲間が寄ってきます。

子どもが好きだったら、子どもが寄ってくる。

なぜか。宇宙人本人が輝いているからです。

宇宙人と地球人の違いは、地球人はよどんでいる。くすんでいる。濁っている。宇宙人はいつもキラキラ輝いている。だから、宇宙人が望むものが全部寄ってくるのです。地球人は汚れているから、望むものがみんな逃げていきます。

あなたが今のままエネルギーが濁った地球人をやっていると、お金を求めたらお金が逃げていきます。

愛情を求めたら愛情が逃げていきます。

仕事も逃げていきます。あなたが輝けば、宇宙は全部寄ってきます。

ここが大事なところです。

クイックキャッチ&スローリリースはすごく大事です。

今までスピリチュアルを学んできた地球人は、潜在意識をちゃんとやれば絶対うまくいくんだと思っていたのですが、うまくいかないから悩むのです。

もがくのです。

スピリチュアルを一生懸命勉強して、潜在意識とか、宇宙の声とか聞かされて、こうしていれば絶対にうまくいくよと言われても、うまくいきません。

それはキャッチはできても、スローリリースができていないからです。

クイックキャッチ&ストロングキャッチで、しがみついて持ち続けるから実現しません。

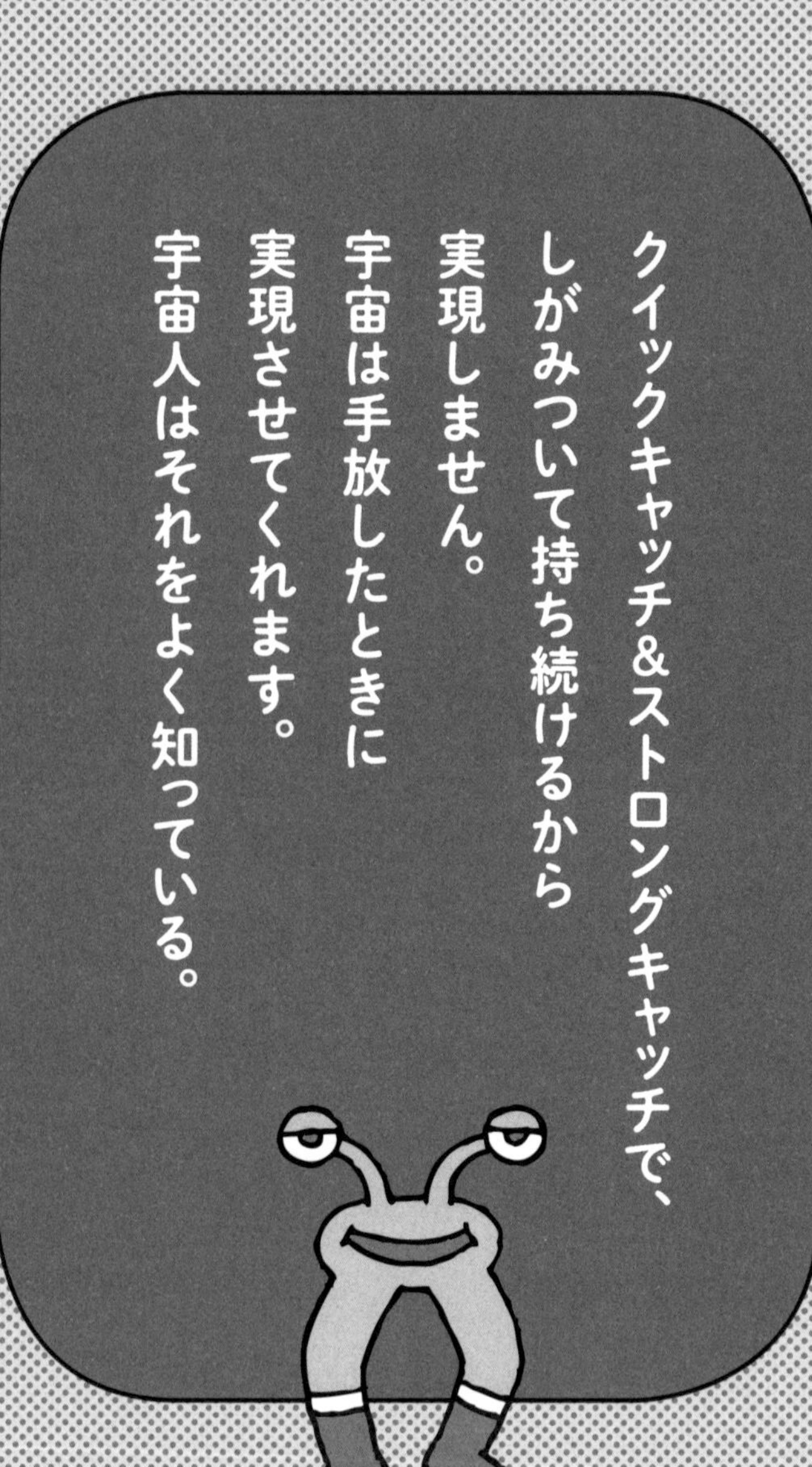
クイックキャッチ＆ストロングキャッチで、
しがみついて持ち続けるから
実現しません。
宇宙は手放したときに
実現させてくれます。
宇宙人はそれをよく知っている。

宇宙は手放したときに実現させてくれます。

宇宙人はそれをよく知っている。

地球人はそれを知らないから、しがみつけばしがみつくほど実現すると勘違いしています。

宇宙の法則では、しがみつくと逃げていきます。

なぜかというと、しがみつくときには脳を使います。

自分にはこれが絶対に必要だと脳を使うと、宇宙の叡智が途切れるから、あなたをサポートしません。

全部うまくいかなくなります。

全部手放して脳を空っぽにすると、うまくいっても、うまくいかなくても、脳がすっと緩みます。

私みたいに脳が縮んで緩むのです。

脳をお休みさせてあげるとサポートが入ります。

宇宙人になるために一番大事な体の部分は脳の中心にある松果体(しょうかたい)です。

宇宙人になるために
一番大事な体の部分は松果体です。
今まで松果体は
封印されてきました。
イルミナティ、フリーメイソンが
松果体を開いてもいいと許可した
このときにこそ、松果体を開くのです。

今まで松果体は封印されてきました。

イルミナティ、フリーメイソンが松果体を開いてもいいと許可したこのときにこそ、松果体を開くのです。

地球では、私の周りは宇宙レベルの変態ばかりです。

普通の人は寄ってこれなくなってしまいました。変態というのは、本当に褒め言葉です。

「週刊文春」、大好きです。

私には「88次元Fa-A」とか、いろんな言葉があるのに、「変態医師」「変態ドクター」ばかり取り上げていました。

一時期は記者が診療所のビルの下に待ち構えていたから、まいて帰ったり、大変でした。

でも、そのおかげで私は地球でたくましく育ちました。

生まれたときに余命10日だと言われた私が、この使命を全うさせていただいています。

珪素とブラックホールとホワイトホール、誰も言っていない宇宙のしくみ！

Part 3

松果体を元気にする方法

皆さんは、ドクタードルフィンはあんなことを言うけれども、世の中で暮らしているると、そんなに簡単にいかないよねと思っていませんか。

それは大事なことがなされていないから、がんじがらめですぐ諦めてしまったり、すぐ自分を閉じ込めてしまったりするのです。

大事なことは、宇宙とつながることです。

宇宙とつながっていないと、松果体が元気に働きません。

松果体を元気にするために、どうするかということを知っておいてほしいのです。

まず、太陽を浴びることが大事です。

超古代のレムリアの時代は、いつも太陽とともに生きていました。

縄文時代になっても、卑弥呼（ひみこ）もそうだけれども、太陽の神・天照大御神（あまてらすおおみかみ）のもとに、人類は太陽とともに生きていました。

目の奥の網膜には光の受容体があって、太陽の光を受けると、それが松果体に神経伝達されます。

そうすると、まずセロトニンが生まれます。

セロトニンは幸せホルモンです。

たくさん出れば出るほど自分は幸せと感じます。

だから、太陽を浴びれば浴びるほど幸せと感じる能力と宇宙人になる能力が上がるのです。

また、そのセロトニンは夜になるとジメチルトリプタミン（ＤＭＴ）という麻薬作用のある物質に変わり、それにより非現実の世界に意識がコンタクトすることができます。まさに宇宙人の世界です。

朝日を見ても、夕日を見ても、どちらでもいいのです。

あまり激し過ぎる日中の太陽を見ると目に障害を与える可能性があるので、優しい朝日、夕日がいい。

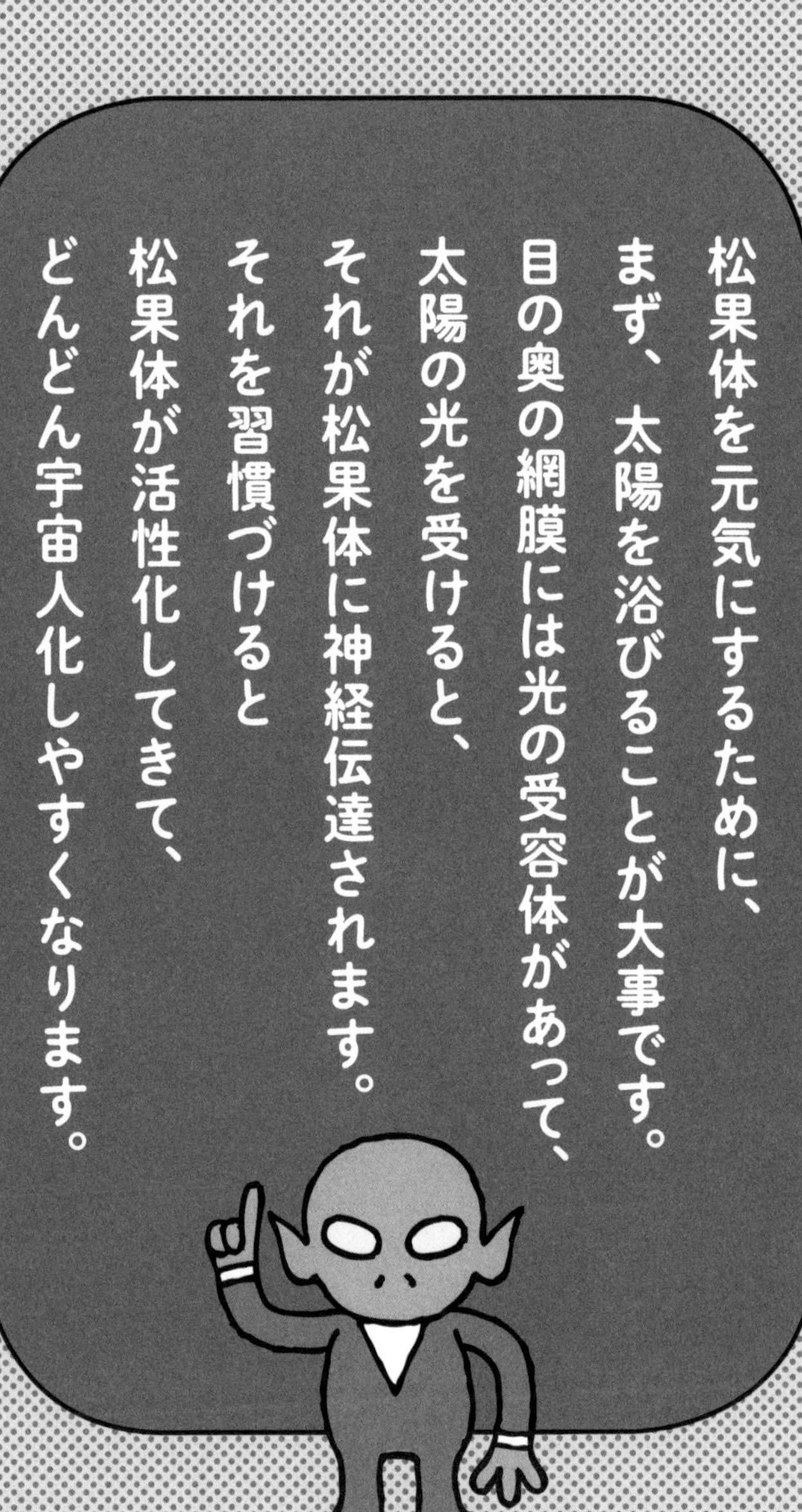
松果体を元気にするために、
まず、太陽を浴びることが大事です。
目の奥の網膜には光の受容体があって、
太陽の光を受けると、
それが松果体に神経伝達されます。
それを習慣づけると
松果体が活性化してきて、
どんどん宇宙人化しやすくなります。

最初はしばらくまぶしいですが、そのうち慣れてきて、ずっと見られるようになります。それを習慣づけると松果体が活性化してきて、どんどん宇宙人化しやすくなります。

フリーメイソンは世界に何百万人といるのですが、そのトップにイルミナティという組織が入っています。

その0・01％のスーパートップが、人間を自分たちの力で牛耳って、金融も、政治も、医療も、自然環境も、生活もコントロールしています。

太陽を見ないようにさせているのはその流れで、子どもがそういうふうに発達するように社会を誘導してきました。

しかも、コロナという騒動をつくって、家に閉じ込めて、太陽を浴びないようにしてきました。

太陽を浴びないようにすれば、人間は宇宙からどんどん遠ざかっていくから、支配されやすくなります。

ワクチンも簡単に受けやすくなります。

0.01%のスーパートップが、コロナという騒動を
つくって、家に閉じ込めて、太陽を
浴びないようにしてきました。
太陽を浴びないようにすれば、
人間は宇宙からどんどん遠ざかって
いくから、支配されやすくなります。
ワクチンも簡単に受けやすくなります。

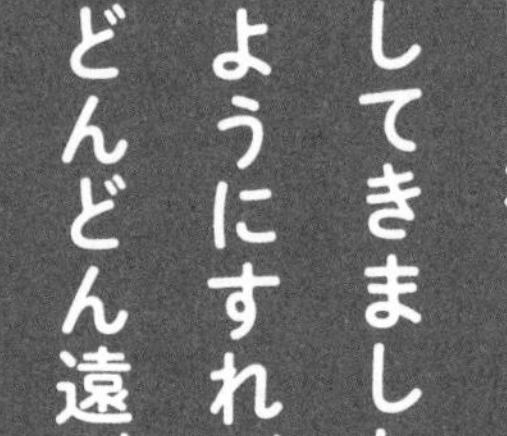

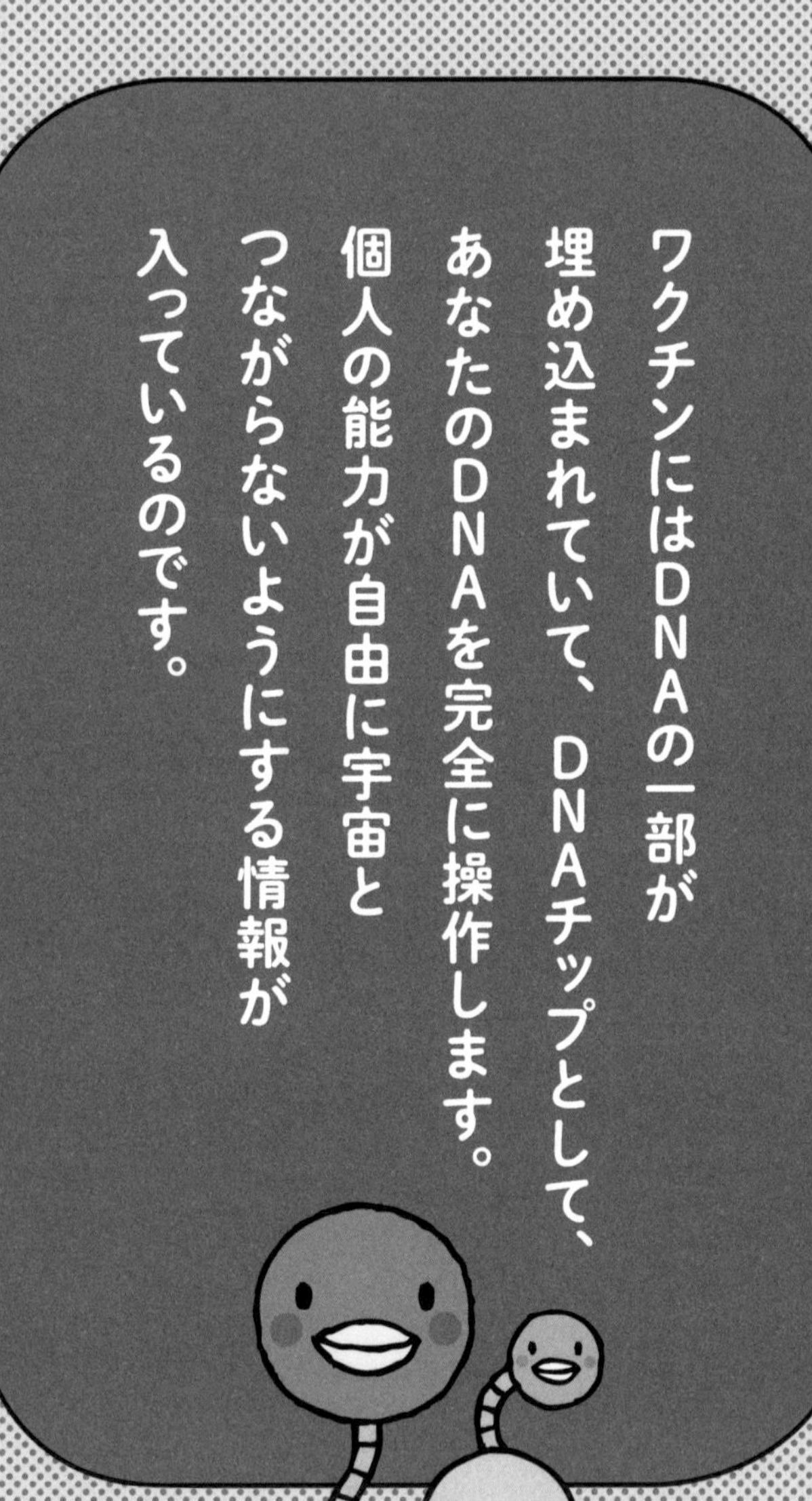

ワクチンにはＤＮＡの一部が
埋め込まれていて、ＤＮＡチップとして、
あなたのＤＮＡを完全に操作します。
個人の能力が自由に宇宙と
つながらないようにする情報が
入っているのです。

私は『イルミナティとフリーメイソンとドクタードルフィン』にも書きましたが、ワクチンにはDNAの一部が埋め込まれていて、DNAチップとして、あなたのDNAを完全に操作します。

個人の能力が自由に宇宙とつながらないようにする情報が入っているのです。

こんなものを受けたら、あなたは永久に誰かにコントロールされないと生きていけなくなります。

こういうことを言うと、もし、私がイルミナティ、フリーメイソンよりエネルギーが低かったら、そこで心臓麻痺でバタッと倒れてしまっているでしょう。

なぜかというと、彼らのスーパートップは遠隔操作できるから、瞬間的に心臓を止めるのは簡単です。

たくさんの人が亡くなっています。

私は、なぜこのことを発信しても生きているかというと、彼らよりエネルギー次元が高いからです。

私はイルミナティ、フリーメイソンの集合意識に、「私は出口王仁三郎（でぐちおにさぶろう）のエネルギーを持っています。いよいよみろくの世になります。これは約束されていたことで、そろそろ認めてください」とコンタクトして、彼らは認めたのです。

だから、皆さんはいよいよ宇宙とつながってよくなったのです。

私は屋久杉を目覚めさせました。

地球のいろいろな植物、動物、海とか山とか、全てのエネルギーの中の一番のリーダーが屋久杉です。

それを目覚めさせたことによって、ガイア、地球のエネルギーを目覚めさせた。

日本のスギも全部目覚めたので、２０２０年の夏、秋は、台風が日本に寄ってこなかったのです。

それを全部私がサポートさせてもらっています。

水の恩恵は必要ですから、いずれ台風は来ますが、今、世界は、なるべく日本にダメージを与えないように動いています。

日本をトップリーダーにするためです。

私が霊性邪馬台国（やまたいこく）の卑弥呼を出したことも、そのためです。

いずれにしても、イルミナティ、フリーメイソンは、人類が宇宙とつながらないように、太陽を浴びないように家に閉じ込めてきました。

メディアとか、政府とか、学者とか、医者という末端の人たちは、上層部が書き換わったのをまだ知らないから、前のエネルギーのまま、人類にとってよくないことをやっています。

彼らは、自分たちが操られているとは思っていません。

真っ当な仕事をしていると思わせられています。

でも、それはいずれわかってきます。

だから、皆さんは、学者とかメディアが外に出るなと言ったら、逆に外に出なさい。

ワクチンを打てと言ったら、打たない。

外で集団で愉しくやるなと言ったら、外で愉しむ。

外に出て朝日、夕日を浴びる。

そういうコミュニケーションをすることはすごく大事です。

太陽光には天照大御神のエネルギーが乗っています。

天照大御神は愛と調和、レムリアのエネルギーを持っていますから、そのエネルギーが受けられます。

水晶のエネルギー

もう一つは、水晶のエネルギーがキーになります。

松果体の99・９％以上は珪素です。

水晶は、１００％ではないですが、ほぼ珪素の塊です。

水晶と戯れることを大切にしてください。

宇宙人は、常に水晶と一緒にいます。

いつも水晶のエネルギーを使って、地球にポッとあらわれて、ポッと消えます。珪素のエネルギーです。

ブラックホール、ホワイトホールは珪素でできています。

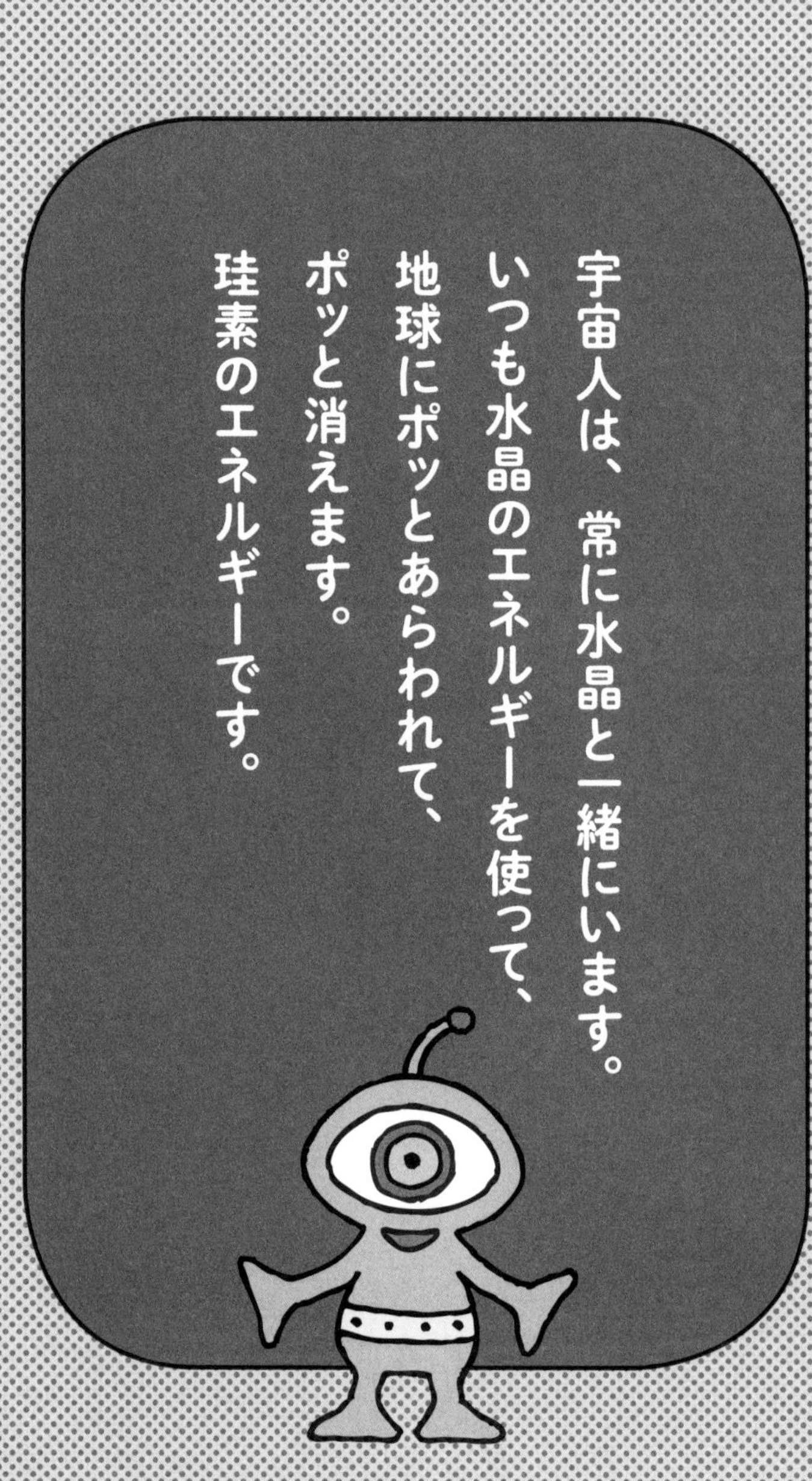

宇宙人は、常に水晶と一緒にいます。
いつも水晶のエネルギーを使って、
地球にポッとあらわれて、
ポッと消えます。
珪素のエネルギーです。

この瞬間も、あなたは常に瞬間的に
ブラックホールで高次元に吸い込まれて、
高次元から3次元に瞬間的に
ホワイトホールで
降りてきています。
常に瞬間、瞬間、全く新しい自分が
生まれ出るチャンスがあるのに、
なぜ同じ自分をやっているの？

超高密度の珪素がブラックホール、ホワイトホールをつくります。

これは誰も言っていません。そこでポーンと消えて、ポーンと出てくるのです。

新型コロナウィルスも全部同じです。

人間は、人といつも会っていると、ずっと一緒にいると思っています。

いつも同じ仕事をしていると、ずっと同じ自分だと思っています。

でも、実は常にブラックホールで消えて、ホワイトホールで出ることとの連続です。

この瞬間も、あなたは常に瞬間的にブラックホールで高次元に吸い込まれて、高次元から3次元に瞬間的にホワイトホールで降りてきています。

常に瞬間、瞬間、全く新しい自分が生まれ出るチャンスがあるのに、なぜ同じ自分をやっているの？　どうして、冴えない同じ自分ばかり生まれてきているの？

それは、あなたが変われないと設定しているからです。

チャンスは今ここにあるのです。常にブラックホールで消えて、ホワイトホールで出て、ポンポンポンポンと1秒間に何回出ているかわかりません。

何回チャンスを逃しているのでしょうか。

宇宙人はそれを知っているから、地球人はもがきたいんだなと思っています。

シリウスは、最終的にもがかない宇宙人を養成するために、地球人にもがく過程を学ばせています。

シリウスが、あえてもがくという星、地球をつくったのです。

エネルギーを上げたいという存在を地球に送り込んで羽ばたかせる。

でも、地球人は羽ばたくために地球に来たのに、いつまでもがいてばかりいるんだと宇宙人は言っているのです。

常にチャンスはある。

そのチャンスをものにするためには、もちろん太陽を見ることが一つです。

もう一つは水晶です。

自分と気が合うものを、ネットでもいいし、ブラッと歩いていて、お店で出会ってもいい。

鎌倉なんかにはお店がいっぱいあります。

「先生、私には何の石が合いますか」とよく聞かれますが、「あなたのことだから知りません」と答えます。

みんなあっけにとられていますが、あなたのことを私が知るわけありません。あなたが一番心地いいものが、あなたに必要なものです。

悪いけれども、私は私のことしか興味がありません。

宇宙人の一番の特性は、自分のことしか興味がないこと。

自分のことで精いっぱいです。

生きていくのは大変です。

人のことなんかにエネルギーを使えません。

人を助けたいとか、人に思いやりとか、慈善サークルとか、そんなものは宇宙的なものではありません。

地球人が猫をかぶっているだけです。

そんなことはやめて、自由になったらいいのに。

そういう意味で言うと、水晶も自分で心地いいものを持ったらよいのです。

ほかにローズクォーツとか、アメジストとか、色が入った水晶もあるし、全く違う、

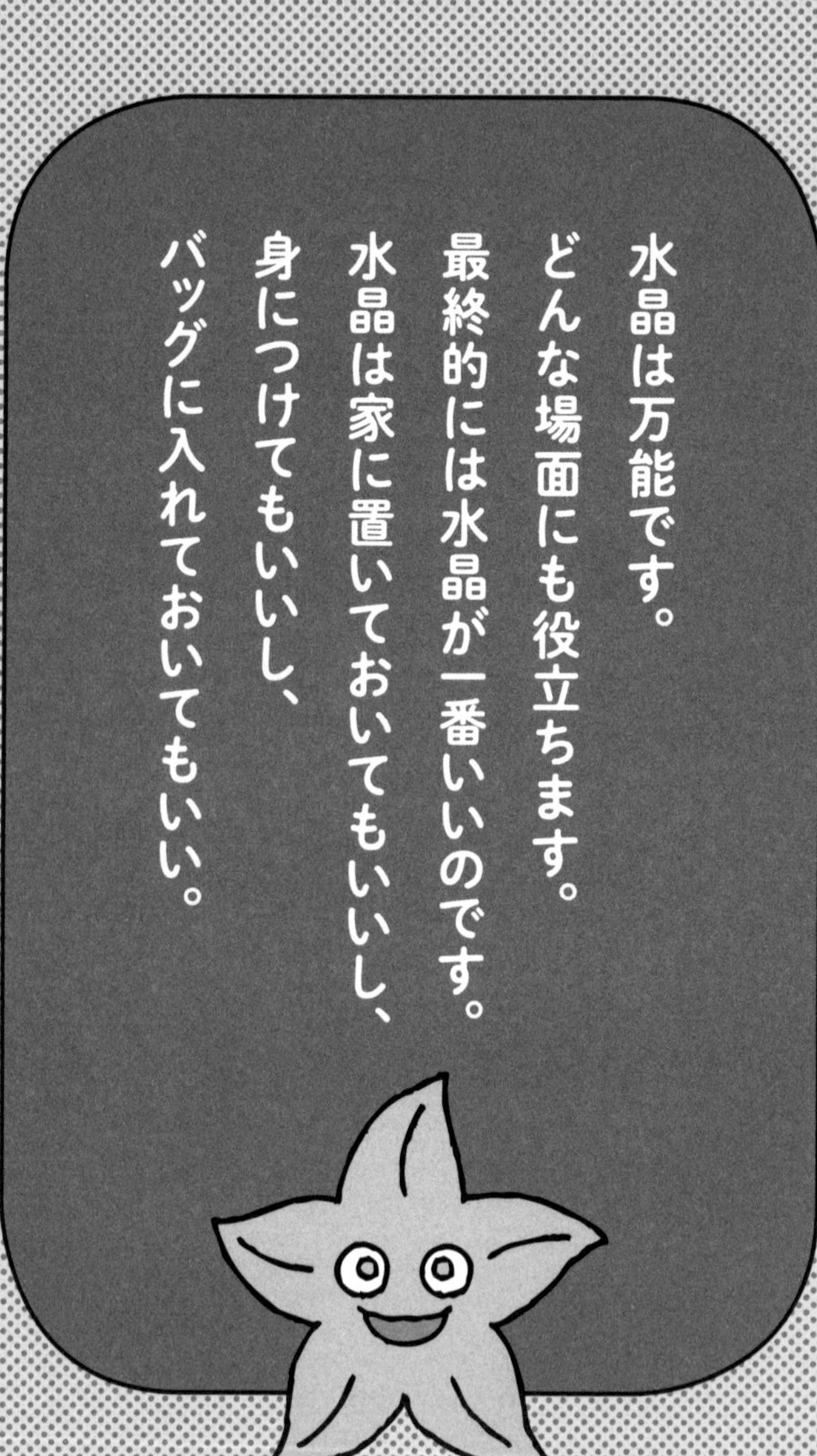
水晶は万能です。
どんな場面にも役立ちます。
最終的には水晶が一番いいのです。
水晶は家に置いておいてもいいし、
身につけてもいいし、
バッグに入れておいてもいい。

いい石もあります。

心地いいのが一番いい。

ただ、水晶は万能です。

どんな場面にも役立ちます。

最終的には水晶が一番いいのです。

私は石には相当詳しい。

水晶は家に置いておいてもいいし、身につけてもいいし、バッグに入れておいてもいい。

私のクリニックには、世界中の珍しい大きい水晶がいっぱいあります。

私は地球人の友達はいないけれども、水晶の友達はいっぱいいます。

宇宙人の友達もいっぱいいます。

水晶と戯れてください。

パワーストーンと戯れなさい。植物も同じです。

植物も珪素をいっぱい持っているから、植物と戯れることは大事です。

珪素をとる

あとは、珪素をとることです。

10年ぐらい前までは、珪素製品は、シリカとしてドイツ製の水晶を溶かしたものしかなくて、ザラザラしていて、クオリティもよくなかった。

5～6年前から、日本のある業者が水晶を抽出して、その液を水に溶かしたという非常に高濃度、高品質の珪素が出ています。

それを水とか、ジュースとか、お酒とかに数十滴垂らす。

珪素も定期的に取り入れる。

死ぬまで毎月、定期的にとりなさい。

3カ月とって、効果がないからやめるということではありません。

効果を求めるものではありません。

珪素だけは、全てのときに、
全ての人にいいのです。
こんな元素はほかに存在しません。
薬・サプリメントはあなたの
次元エネルギーを下げます。
珪素だけが次元上昇し、全ての人生と
体の問題を解決する方向に行きます。

薬・サプリメントは、こういうときにいいですよ、あなたにはいいですよというものです。

しかし、珪素だけは、全てのときに、全ての人にいいのです。

こんな元素はほかに存在しません。薬・サプリメントはあなたの次元エネルギーを下げます。

珪素だけが次元上昇し、全ての人生と体の問題を解決する方向に行きます。

だから、とりなさい。

しかも、高品質のものです。

ドクタードルフィンのところで出しているものが最も高品質です。

私のエネルギーが乗っているので、余計いいです。

珪素のにおいや味がちょっと苦手という人は、植物性のものもあります。

今まで植物性はクオリティが悪かったのですが、3年前にすごくいい錠剤ができました。

本当は水晶のエネルギーがシリウスのエネルギーに沿う高次元のものなので、水晶

由来のものが一番で、二番目に植物性由来の珪素です。
両方とるのが一番いい。
私は両方とっています。
最高の自己投資です。

透明化（宇宙人化）してゆく人間をサポートする！

Part 4

完全反射のダイアモンドを持つ

地球人が次元上昇して宇宙人になるもう一つの方法は、高品質のダイアモンドを持つことです。

ダイアモンドは炭素の塊、超凝縮です。

人間の体も炭素でできています。

たんぱく質、糖質、脂質は炭素骨格でできている。

炭素のエネルギーの最も高い状態がダイアモンドです。

出口王仁三郎が予言していたように、人間は水晶化、シリコン化、珪素化していきます。

どんどん透明化していきます。

ということは、原子番号6番の炭素が、原子番号14番の珪素に変わっていく。

お金もないし、人脈もないし、
能力もないし、
自分には絶対に無理だ。
周囲と社会も絶対に無理だと言う。
そういうことこそやりなさい。
クイックキャッチしなさい。

半透明化していく。

そうすると、電子が8個プラスになります。

マカバスターは、正四面体が二つある形のものですが、ゼロポイント、ブラックホール、ホワイトホールのマカバスター状エネルギーグリッドで炭素が珪素に生まれ変わるということです。

そのために炭素も元気、珪素も元気という状態が一番いいのです。

もう一度言います。

松果体が活性化すると、宇宙の叡智があなたをサポートします。どのように生きればいいかというハウツーの知識を与えるのが宇宙の叡智で、珪素がその役割を持って松果体が受け止めます。

しかし、よく頭デッカチがいますね。

知識だけ持っていて、現実に役立っていない人。それは困ります。

恐竜時代には、尾てい骨の前に第2の松果体がありました。

今はエネルギー化しています。

恐竜時代には、尾てい骨の前に
第2の松果体がありました。
今はエネルギー化しています。
大地のエネルギー、
地球のエネルギーは炭素ですから、
その炭素のエネルギーを
全部受けるところが第2の松果体で、
それがダイアモンドのエネルギーです。

大地のエネルギー、地球のエネルギーは炭素ですから、その炭素のエネルギーを全部受けるところが第2の松果体で、それがダイアモンドのエネルギーです。

地球の叡智は、どのように生きていったらいいかというハウツーのエネルギーを実際に働かせるパワーです。

ガソリンです。

人間はハウツーがあって、パワーがあって、初めて起動します。

そのパワーを受け止める第2の松果体が活性化するのは、全部の人間の波動振動数が整っているときです。

肝臓は肝臓の、心臓は心臓の、目は目の、筋肉は筋肉の、爪は爪の固有の波動振動数を持っています。

それがそれであるときに、地球のサポート、地球のエネルギーを一番与えられるわけです。

でも、今はほとんど乱れてしまっています。

地球の環境は公害とか、大気汚染、食べるものもいろいろ問題がある。

人間は本当はそれに打ち勝っていけるのですが、皆さんのレベルだとそれに影響されてしまう。

その細胞の乱れた波動振動数を全部修正してくれるのがダイアモンドです。

しかも、私が推奨するのは完全反射のダイアモンドです。

全部の方向に光を放つものがアルカダイアモンドです。

迫恭一郎さんが自分の能力で開発した全面反射のダイアモンドで、修正能力が高いです。

さらに、自分にピタリと合ったダイアモンドを選んでくれます。

それを持っていることで、あなたは地球で最高のエネルギー体になります。

地球のエネルギーのサポートを全部得られる。

そうすると、エネルギー塔の土台がしっかりする。

グラウンディングするということです。

グラウンディングしていないと、宇宙の高い電気が入っても電塔は倒れます。

ガツッと地球の叡智が入っているダイアモンドで、第2の松果体で地球の叡智を受けていたら、宇宙の叡智がバーンと入るわけです。

宇宙の叡智が入って、地球の叡智が入って、地球人が最高の次元で宇宙人化していくときは、ハートが開きます。

ハートが閉じていて、自分を愛することができない、自分が嫌いと言っている人は、ここで宇宙の叡智が止まります。

地球の叡智が止まります。

地球の叡智が突き抜けて宇宙に行く。

それに応対して、また宇宙の叡智が降りてくる。

宇宙の叡智が地球まで行って、それに応対して地球の叡智が上がってくる。

天地人がエネルギーの通り道になるのです。

あなたは光の柱にならないといけない。

できれば完全反射のダイアモンドを持つことです。

経済的なこともありますが、準備ができたときに、私の信頼する迫さんのところに行くと、最高の自己投資になります。

水晶（珪素）を取り入れて、ダイアモンド（炭素）を取り入れる。

私は、松果体が珪素だから珪素をとりなさいと言うのですが、ダイアモンドが炭素だからといって、炭素をとりなさいとは言いません。

炭水化物、タンパク質、糖質、脂質をたくさん食べなさいとは言いません。

みろくの世に入ると、炭素は必要なくなってきます。

食べなくてよくなります。

「じゃ、ドクタードルフィンはどうして食べるの？」と言われるでしょう。

それは私が宇宙とつながり過ぎているので、地球の喜びを手放してしまったら、宇宙に飛んでいってしまうからです。

だから、地球の喜びをしっかり持つために、ぬいぐるみをよく買うし、ガチャガチャをやって、ＵＦＯキャッチャーをやりまくって怒られ続けるのです。

高次元ＤＮＡコード

私は、世界で唯一、ＤＮＡコードを生み出す能力を持ちます。

それはなぜかというと、私のパラレル過去生でもあるジーザス・クライストが、私をサポートしてくれているからです。

さらに私は、もともと卑弥呼とか、天照大御神とか、いろいろなサポートはあるのですが、大宇宙大和神（オオトノチオオカミ）という50次元の神のトップのエネルギーも持っています。

そして、その上の88次元のエネルギーとつながっています。

だから、私は宇宙のいろんなエネルギーを全部コントロールするステージにいます。

地球をコントロールするのは当然です。

地球は、私が描いたとおりになっていきます。

私がもともとシリウスからイルカになって地球に来たときに、人類が気づきと学びを得て次元上昇することが条件でしたので、ただ単に次元上昇させてしまうわけにはいかない。

皆さんに気づきと学びを体験してもらうことが私にとって非常に重要なのです。

だから、簡単にパーンと楽な世界にすることはしません。

皆さんがもうちょっともがきながら気づいて、学んでもらって、自分でつくる。

私は、皆さんの人生には一切関与しません。

ただサポートするだけです。

私は、神のエネルギーとして、50次元の幣立(へいたて)神宮の大宇宙大和神とつながっています。

20次元、30次元の神になると、ああしたほうがいい、こうしたほうがいい、これはいけないと、少し干渉してきますが、40次元になってくるとあまり干渉しない。見守るだけです。

皆さんは自分で変えていかないといけない。

「これが宇宙人になる方法ですよ」と私が教えたとしても、それだけでは宇宙人になれません。

私は方法を示して皆さんをサポートして、皆さん自身で実行するのです。

「ドクタードルフィン、そんなことを言っても私には無理よ」と、皆さんはすぐ言っ

てしまいます。

なりたい自分をぜいたくに降ろしてきて、クイックキャッチすることができない。すぐ怖気（おじけ）づいてしまう。

そういう人たちばかりだから、私は皆さんに宇宙的エネルギーをサポートして、遠慮せずに、わがままに、なりたい自分を引っ張り降ろしてこれるようにするのです。

高次元ＤＮＡを突然変異させることは私しかできません。

どうしてできるかというと、私はそれだけのエネルギーを持っているからです。

高次元の宇宙のエネルギーを使って皆さんのＤＮＡを書き換えることができるし、地球の超古代のエネルギーを持ってきて書き換えることができるし、地球のいろんなガイアのエネルギーを持ってきて書き換えることができます。

あなたが高次元ＤＮＡコードを入れてもらったら、幾ら支払うべきか。

私は金額を思いつけません。無限大の価値です。

私のイベントは高いと思う人もいますが、むちゃくちゃ安いのです。

なぜなら、世の中は、ドクタードルフィンか、ドクタードルフィン以外かだからで

私は、世界で唯一、ＤＮＡコードを生み出す能力を持ちます。あなたが本当にわがままに、なりたい自分になることを選択できるようにするのが、高次元ＤＮＡコードです。

あなたが個人として宇宙で自由自在に好きな未来を選択して、好きな自分を実行していく。

その能力をサポートする高次元突然変異ＤＮＡコードをあなたに差し上げています。

す。

あなたが本当にわがままに、なりたい自分になることを選択できるようにするのが、高次元ＤＮＡコードです。

一部の権力に支配されるワクチンを打つのではなくて、あなたが個人として宇宙で自由自在に好きな未来を選択して、好きな自分を実行していく。その能力をサポートする高次元突然変異ＤＮＡコードをあなたに差し上げています。

スーパーハピネスを得るために

あなたのＤＮＡは今までいろんな抑圧のもと、眠っています。

こんな自分になりたいのになれない、なってはいけない、なるべきではない。

それなら、あなたの魂は一体何になりたいの。

一体どうなりたいの。

あなたは、この地球に来たときに、
宇宙に羽ばたける宇宙人になって
この地球を卒業しようと
決めてきたのです。それなのに、
いつまでも他人と比べてばかり、
周囲と社会の評価に
自分を照らし合わせてばかりです。

たとえ周りが悲しんでも、怒っても、理解しなくても、あなたの魂はいつも本当のあなたになりたいのです。

私は本当の私になるために、宇宙世代、地球世代で何世代もたくさんの傷を負ってきました。

あなたはもう傷を負わなくていいから、自分に優しく、正直に、あなたになることを許してあげてほしい。

そのためのＤＮＡコードをプレゼントします。

あなたは、この地球に来たときに、宇宙に羽ばたける宇宙人になってこの地球を卒業しようと決めてきたのです。

それなのに、いつまでも他人と比べてばかり、周囲と社会の評価に自分を照らし合わせてばかりです。

私、ドクタードルフィンが今、それをどうして皆さんに伝えられるかというと、私自身が過去生でそういうものをたくさん味わってきたし、思い知ってきました。

とくに今生では、子どものころからこの地球で本当にもがいてきたからです。

だから、私はあなたが私のように楽で愉しい本来の魂の姿、宇宙人になるのに、私と同じように何世代ももがくことを望んでいません。

私がそれを体験したから、あなたたちはもっと易（やさ）しく、もっと楽に愉しく変わってもらいたいのです。

地球人は、自分をいつもよく見せようとします。

自分は容姿に恵まれていなかった。

家が豊かでなかった。

親が賢く産んでくれなかった。

愛情を受けてこなかった。

あなたは何を言っているんですか。

あなたがそれを望んだくせに。

あなたがそれを親兄弟、社会にお願いしたくせに。

あなたがそれを体験するために、あなたがそれを設定したくせに。

あなた以外の人間は、あなたを成長させるために協力しているのです。

宇宙人は、全ては常に自分が選んだものの創造であり、自分が望むものしか体験していない、自分が望むものしか保持していないということをよく知っています。

地球人は、自分は望んでいるものを持っていないと受け止めている。望んでいるものを体験していない、と。地球人の非常にあわれな醜い姿です。

私は今、日本を神聖邪馬台国として開き、世界のリーダーとしました。

そのように進んでいく過程において、宇宙も期待しています。

地球人が、まさにどん底の、思いどおりいかない、もがく社会から、これでよかったんだ、これでなければいけなかったんだと気づいて、宇宙が望んでいた次元上昇する段階に入ります。

宇宙は、その変化を楽しみに優しく見守っています。

地球人は、いつも過去を振り返ります。

ああだったらよかったのに、こうしなければよかったのに、あそこでああでなければ、あんなことを言わなければよかったのに。

そこで宇宙人が、地球人はおかしい生き物だなと笑います。

人間はどう生きればスーパーハピネス、
無条件の幸福を得られるか。
何かがあるから
幸せではありません。
どうだから幸せではありません。
宇宙人は、どうであっても、
どうでなくても幸せです。

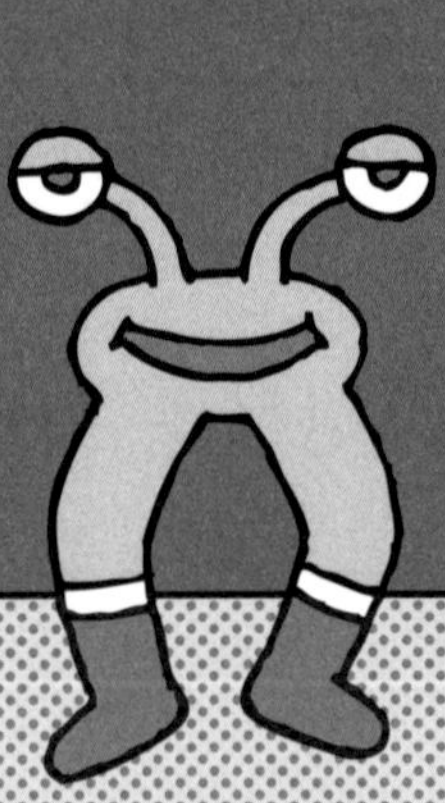

自分がその瞬間に最高のものとして選んだことしか演劇として体験しなかったのに、こうしたらよかった、こうでなければよかったと。そんなものは宇宙的には一切ないのです。

これが地球人から宇宙人に変換するときに最も気づかないといけない学びでありま す。

人間はどう生きればスーパーハピネス、無条件の幸福を得られるか。何かがあるから幸せではありません。

どうだから幸せではありません。

宇宙人は、どうであっても、どうでなくても幸せです。

私は子どものころから、なぜか漠然とこの地球で生きていくのが本当に苦しかった。

いつも自分を犠牲にして、自分以外の人のことしか考えられなかった。

私は、皆さんがスーパーハピネス、無条件の幸福をつかみ取ることを説くために、最後のあがきとして、子どものころからあがいてきたのです。

私は、医者とのつき合いは一切ありません。

医者の中では完全に飛び抜けていて、誰もついてこられない。誰にも理解されない。皆さんは、不安だから誰かと一緒になる。どこかの組織に入る。私は、そういうことが一切なくなりました。皆さんの観点からすると、不安だらけの状態です。

でも、むやみやたらに友人がいるから安心、何か保障があるから安心、何か社会的な援助があるから安心というのは地球人だけです。

宇宙人のレベルに入ってくると、自分が存在しているだけで、あなたに必要なことは全部サポートされます。

あなたが外に救いを求めなくても、外に何かを求めなくても、あなたがあなたになり切ることで、宇宙はあなたを放っておきません。

あなたを全面的にサポートします。

あなたがあなたになり切ることを望んでいます。

それだけです。

地球人は、自分が丸くなろうとしますが、宇宙人は、自分がジグソーパズルのゆがんだ形の1ピースであることをよく知っています。

Part 5

さあ、あなたも宇宙人になろう！

勇気を持って扉をあけよう

時間をかけたほうがいいと思ってしまっている世界はたくさんあります。

マッサージとか、治療とか、人のコンサルテーションもそうです。

でも、時間を使えば使うほど脳を使うことになります。

松果体で宇宙とつながる瞬間は、時間は必要ありません。

だから、私が宇宙人になる方法を皆さんにお伝えする内容は、時間をかけずに、簡潔になります。

皆さんは、あるがままの自分を受け入れて、無条件に自分を愛することを学びに来たのに、世間体、社会の目、周囲の目ばかりで自分を低く評価して、自分は愛に値しないと思っていた。

それを私が書き換えると、胸の張り、顔のつやが違ってきます。

これは皆さんが視覚的に理解できる地球人から宇宙人への変化です。

自分を愛するんだという意識が宇宙から舞い降りてきます。

私、ドクタードルフィンは、今生がこの地球を生きる最終章になりますが、愛と調和、喜びと感動を伝えることが私の今のお役目だと思ってやってきました。

今、診療以外にいろんな活動をしています。

診療を受けている方には少しご迷惑をかけながら、私でないといけない活動を、国内、海外で行っています。

パーティー形式の講演会やエネルギー開きのイベントや学校など、多くの活動をしています。

私は、自分がハッピーでなければ人をハッピーにできない、と知っています。

よく講演会のスピーカーは、自分を抑えて、自分がつらいのを我慢して、参加者を愉しませようとします。

これからの地球人、脱皮して宇宙人になろうとしているあなたたちは、あなた自身がハッピーにならないといけない。

あなた自身が幸福を感じないといけない。

そうでなければ、周囲は絶対に幸福にならないのです。

私はいつも音楽とともに派手に入場します。

踊りつきとか、いろんなことをやってきました。

既存の音楽が法律上使いにくいなと思ったとき、札幌のすてきな女性音楽家・歌手と出会いました。

彼女の音楽にかける愛情と熱意を感じて、2曲、生演奏でつくってもらいました。

インターネットの業者に比べれば高いかもしれないけれども、いいものにはお金を出すべきです。お金が喜び、社会が喜び、宇宙が喜びます。

私が尊敬する札幌の音楽家の女性に、そのうちの1曲には、龍と鳳凰のエネルギーを入れてくださいとお願いしました。

龍はジーザス・クライスト、宇宙の叡智の涼しいエネルギー、ハウツーの宇宙の叡智です。

鳳凰は生命のエネルギー、パワーの卑弥呼と天照大御神のエネルギー、原動力の地

球の叡智です。

この曲を聞くと、あなたを抑えつけてきたものを取り払い、全て宇宙と地球に委ねることができます。

私は、音楽とともに育ってきました。

この地球に音楽というものがなかったとしたら、私はここまで存在していないと思います。

私をここまでつないできてくれたのは、私の愛する曲があってくれたことが非常に大きいと思います。

ホイットニー・ヒューストンは、私の愛する歌手です。

人生で私がもがいて、もう諦めようかな、折り返そうかなと思ったときに、彼女の曲がいつも私の魂に流れ込んできました。

とくにニューヨークシティのサウス・ストリート・シーポートで海を眺めているときに聴いたとき、私はやるんだ、存在し続けるんだと思うことができました。

地球人はあまりにも脳を使って、忙しく生きてしまっています。

いろんなことに意識をとられている。

でも、脳が疲れたときには、あなたの愛する、あなたを応援する曲や絵画があなたのもとにあってほしいと願っています。

私は宇宙人になる方法を述べてきましたが、地球にいて宇宙人になるのはそんな簡単なことではありません。

誰でもできることではないです。

しかし、この地球にいて、こんな生き方もできるんだ。

こんな生き方をしていいんだ。

こんな常識外れで、ぶっ飛んでいて、理解できない人だけど、なぜか惹（ひ）かれる。なぜか愛を感じる。

この人のことを知りたい。このように生きたい。

そのようにあなたのＤＮＡが書き換わることこそが、私があなたたちに望むことであり、あなたの脳でなく、あなたの魂が本当に望んでいることです。

あなたが本当になりたい自分、実現したい自分、既に実現しているけれども扉を閉

あなたたちが宇宙人になるということは、
決して突拍子もないことでも、
おかしなことでもありません。
宇宙から見たら、あなたが本当に
なりたいと思っていた自分に、
ただあなたの意識を向けて、
勇気を出してそこに向かうことです。

じていた自分になるために、どうぞあなたの愛の力で、勇気を持って扉をあけてください。

あなたたちが宇宙人になるということは、決して突拍子もないことでも、おかしなことでもありません。

宇宙から見たら、あなたが本当になりたいと思っていた自分に、ただあなたの意識を向けて、勇気を出してそこに向かうことです。

地球人から宇宙人になると、あなたが大切に守ってきたものを全部ぶっ壊します。ないと生きていけないと思ってきたものを全部捨て去ります。

そこに何も見えなくなったときに、なぜか明るい一点の光が遠くに遠くに灯って、あなたがその世界を捨てない限りは、その明かりがどんどんあなたに近づいてくることでしょう。

地球人が宇宙人になることは、決して難しいことではありません。

あなたがこの瞬間に死んでも、最高の自分である。最高の人生である。

誰ともかわりたくない。自分しかない。ほかの人生とはかえられない。

そう素直に受け止めることが、あなたが宇宙人になっていく証しです。

目標の設定の仕方と扱い方

クイックキャッチ&スローリリースという生き方は、どうして地球人がいつまでももがき続けているかということを解決するカギになります。

どうして地球人がいつまでも悩みと困難を持ち続けて、もがいているのか。

一つは、目標とか望みの設定の仕方が悪い。

もう一つは、目標とか望み、ゴールを持っても、それの扱い方が悪いのです。

この二つが、宇宙人感覚で見ると、地球人が望む人生を絶対にかなえられない理由です。

地球がみろくの世を迎えるまでの古い3次元の社会では、親兄弟、家族、学校、社会に「目標を立てなさい。あまり欲張った目標でなくて、自分が実現可能と思える目標を立てなさい。まずは小さい目標を立てて、徐々に大きい目標に向かっていきなさい」と教えられてきたはずです。

しかも、身分不相応の目標はダメだとか、自分の能力に謙虚になって、大きなことを言ってはダメだとか、謙虚に生きなさいと教わってきました。

だから、皆さんは目標を立てるのがすごく苦手なのです。

そういうふうに教わってきたから、目標とか望みを自分で設定するとき、制限してつくります。

本当は魂は高い目標を望んでいたとしても、自分はそんなところまで行けるわけがない、行ってはだめだと、脳でつくられてきた常識と固定観念に当てはまる範囲でしかゴールを立てられなかったことが、地球人の最大の弱点です。

宇宙人は、急に自分が飛行機になることもできるし、鳥になることもできるし、蝶々になることもできる。

急に消えることもできるし、目の前で億万長者のお金をつくることもできる。

意識することは実現させられると知っています。

宇宙人は、
急に自分が飛行機になることもできるし、
鳥になることもできるし、
蝶々になることもできる。
急に消えることもできるし、
目の前で
億万長者のお金をつくることもできる。

地球人は
時間と空間を持ってしまったので、
時間を置いて、
ある場所に行かないと
実現しません。
思いがすぐ実現するわけがないと
思い込んでいます。

宇宙人は時間と空間がないから、思考したことが目の前で、その時間で、その場で実現できます。

地球人は時間と空間を持ってしまったので、時間を置いて、ある場所に行かないと実現しません。思いがすぐ実現するわけがないと思い込んでいます。

宇宙人のように、思ってもすぐに体験できないから、自分の望みとか目標を達成できるんだという実感がないのです。

親兄弟、家族、学校、社会に、「そんな簡単に望みはかなうものじゃない。我慢して生きなさい。身分相応に諦めて生きなさい。自分を殺して生きなさい。他人とか社会のために生きなさい。自分の望みを抑えて生きなさい」と言われてきました。

そんな人間が、自分の望みをかなえなさいと言われても無理なのです。

一番大事なことですが、宇宙人は望みを設定しなさいと言われたら、いろいろな望みがある中で最上級の望みを言います。

例えば空を飛びたいとか、宇宙を泳ぎたいとか、億万長者になりたいとか、世紀の美女になりたいとか、絶対にかなわないだろうと思うことを、宇宙人は平気でポーンと想定します。

それが地球人には全くありません。

自分で絶対に無理だろうと思っているところには、意識は行きません。

地球人の望みの設定の仕方は、例えば学校の先生に、「望み、ゴールを設定しなさい。作文に書いて発表しなさい」と言われたときに、親に相談したり、その前の晩、寝ないでいろいろ考えるわけです。

この辺の目標を持ちたいけれども、自分には絶対無理だと思うと却下する。

本当はＦ１レーサーになりたいとか、宇宙飛行士になりたいとかあるけれども、そんなのは自分には無理だからと低い目標にしている。

自分の能力とか、家族環境、経済的なこととか、いろいろなしがらみを考えた上で、望みを立てるわけです。

だから、スローキャッチなのです。

非常に時間をかけている。

本当は魂はこっちを望んでいるんだけれども、脳で無理やりこっちだとつくってい

脳を使うとスローになります。
脳は分析するから、
脳で目標とか望みをつくろうとすると
時間がかかります。
でも、

魂は宇宙の高次元の意識だから一瞬です。

る状態だから、地球人は脳と魂が分離しているのです。

ここが問題です。

脳を使うとスローになります。

脳は分析するから、脳で目標とか望みをつくろうとすると時間がかかります。

でも、魂は宇宙の高次元の意識だから一瞬です。

地球人は魂を抑えつけて、松果体のポータルが閉じたまま、脳で何を考えるか。自分が生まれてこの方、親兄弟、家族、学校、社会に教わってきた、こうあるべき、こうなるべき。

身分相応、高望みはするな。

人生、そんなうまくいくわけがないという常識・固定観念の中で、しかも、学校の友達に聞かれて恥ずかしくないこと。

「あいつはあんなことを言って、無理に決まっている」と言われない、みんながうなずいてくれるようなレベル。

しかも、学校の先生になりたいとか、社会的に認められている目標。

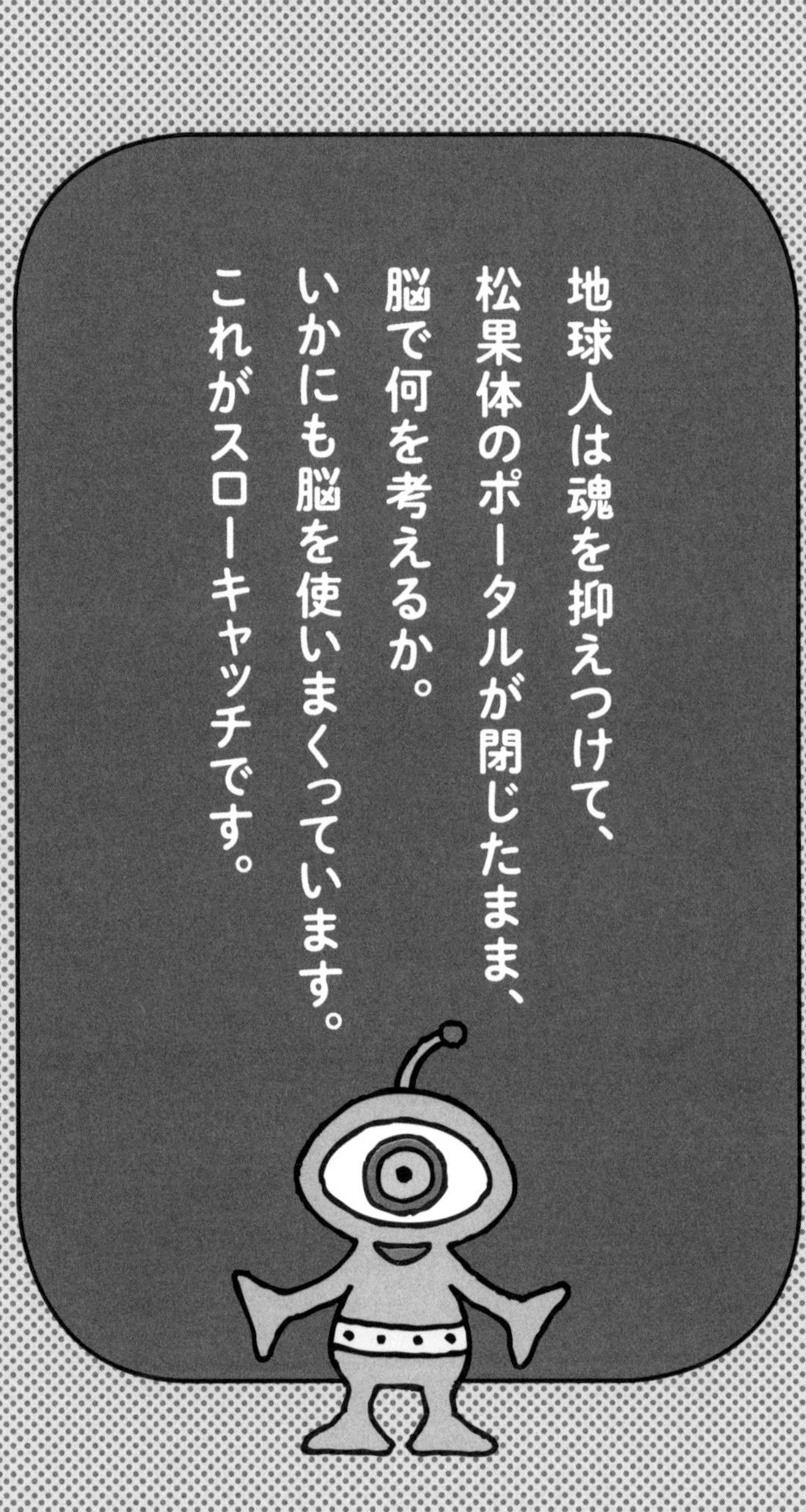
地球人は魂を抑えつけて、
松果体のポータルが閉じたまま、
脳で何を考えるか。
いかにも脳を使いまくっています。
これがスローキャッチです。

そういう体裁とか周囲の反応を考えて設定するわけです。

いかにも脳を使いまくっています。

これがスローキャッチです。

スローキャッチは何が悪いかというと、脳で望んでいる自分と魂が本当に望んでいるものとは全く違うことです。分離している。

地球人が宇宙人に進化するためには、これを知っておかないといけません。

脳で望んでいることが本当の自分そのものだと思っているから、みんなもがくのです。

脳で望んでいる自分は魂が求めることでなくて、常識・固定観念の集合意識で踊らされ、操作された思考なんです。

最も大事なのは、魂が望んでいることをやったら、周囲とか社会にみんな反対され、バカだとか誹謗中傷(ひぼうちゅうしょう)されたとしても、宇宙のサポートが入るということです。

宇宙の高次元の魂が望んでいることは、宇宙自身が恩恵を得ることです。

ギブ・アンド・テイクで恩恵を得る。

だから、全部の宇宙組織がサポートし、応援します。

一瞬で感じることを、望み、ゴールにすることが大事です。

それがクイックキャッチです。

松果体が一番元気になるとき、例えばお風呂に入ったとき、副交感神経が優位になって、こんな自分になるといいなとか、一瞬ぼんやり思い浮かぶことがあります。

でも、無理無理とすぐ消してしまうのですが、それを持つことを何となく許してやる。

あるいは、トイレに行ってチャックをあけて放尿する瞬間とか、森林浴して小鳥のさえずりを聞いたり、海の波の音を聞いているときに松果体が緩んで、自分の本当の魂の望みを見ることができます。

そのときに否定しないで受け入れるコツは、既に多次元パラレルに実現している自分が存在しているので、アクセスすればいいだけです。

今まで地球人は、パラレルで思考する自分は幻で、存在しないと思っていた。

存在しているということを受け入れれば、パッと思いついたら、そういう自分は実は存在しているんだから、その自分を選択するだけでいいんだと気づいてくる。

その自分になれないということはないのです。

何か高い望みが出たときに、それをパッと消さずに、既に多次元パラレルに存在しているから、それを持っていていいんだと許してやることです。

否定して消さないことがクイックキャッチです。

例えば金魚すくいをするとき、小さいのがとりやすいなとか、色がきれいだからこいつを狙おうかなとか、でかいやつがいいけど紙が破れるかなとか、いろいろ脳を使っている。

だから、とれないのです。

パッと見て、これ、いいなと思ったらパッととる。

クイックキャッチが大事です。

これが宇宙人になる第一歩です。

普通は世間体を考えたり、人の気持ちを害さないように、人にバカにされないようにしていますが、クイックキャッチは周囲のことを考えずに魂を発信するから、周囲

パッと見て、
これ、いいなと思ったら
パッととる。
クイックキャッチが大事です。
これが宇宙人になる第一歩です。

にとっては違和感があります。

「おまえはバカだ」とか、「最近おかしいな」とか、「お友達をやめよう」とか、「どうしたの。今までのおまえじゃないな」とか言われてしまいます。

それが必要なのです。

執着せず、目標を泳がせておく

パッと思いついても、今までは家に帰って家族の顔を見ると諦めてしまっていましたが、それを捨てずに何となくボーッと持っているのです。

風呂やトイレで穏やかな気持ちになったときにそれをまた思い浮かべて、なり切った自分を愉しむ時間が必要です。

この「愉しむ時間」が、その後のスローリリースに関係してきます。

くつろいでいるときは夢を思い出せますが、現実社会で仕事をしたり、家族に会っ

たり、悲しいニュース、イヤなニュースをいろいろ見せられると、また無理かなと思わせられます。

無理かなと思ってもいいけれども、無理かもしれないけれども無理じゃないかもしれない、不可能かもしれないけれども可能かもしれないと、グレーで置いておく。

可能、不可能を決めない。

やる、やらないも決めない。やるかもしれないけれども、やらないかもしれない。泳がしておくのです。

私は小学校のとき、よく夜店でウナギ釣りをしました。

ウナギのえらの後ろを針で引っかけるのですが、パッと釣ろうとすると、ウナギは元気だからパーンと糸がすぐ切られます。

引っかけてから、ウナギについてずっと遊んでやると、ウナギがだんだん疲れてくる。

絶対に釣ってやろうと思うと釣れないのです。

釣れるかもしれないし、釣れないかもしれない、ウナギちゃん、遊ぼうぜとウナギ

執着が地球人を低次元にしています。絶対に
こうあるべきだ、こうでないとイヤだと望む。
宇宙人の感覚は、脳の松果体というか
珪素のところで自分の高次元の
望みを受けて、脳をほとんど
使わずに、何をしたいと、
そのまま自分として表現するわけです。
それは全部サポートされます。

と戯れる。

この感覚が宇宙人的に物事を実現させます。

これがスローリリースで、執着を徐々に手放していくのです。

執着が地球人を低次元にしています。

絶対にこうあるべきだ、こうでないとイヤだと望む。

例えば、誰々と結婚したいとか、誰々とつき合いたいとか、どういう仕事をしたいとか、昇進したいとか、そういう執着があります。

宇宙人の感覚は、脳の松果体というか珪素のところで自分の高次元の望みを受けて、脳をほとんど使わずに、何をしたいと、そのまま自分として表現するわけです。

それは全部サポートされます。

でも、地球は3次元で、体を持って、時間と空間を持っています。

だから、みんなが考えていることが素直に伝わらない。

何を考えているかわからない。ウソをついているかもしれない。

だまし合い、エゴのぶつけ合いです。

自分の望みがかないづらい環境もあります。

例えば、経済状況で自分の収入が減るとか、会社がうまくいかないとか、家族関係がうまくいかないで離婚しちゃうとか、株価が暴落するとか、だまされるとか、地球ではいろんなことが生じます。

そういったときに、無理に絶対にうまくいかせなきゃと考えがちです。

ここでやめたら損してしまうから、やり切らないともったいないとか、無理をしてでもやろうとする。

ほかの可能性があるのに、執着しているとそれしか見えません。

例えば、会社がもう一歩で一部上場できる。この契約さえとれれば一部上場できるというときに、その契約がうまくいかなかった。

このチャンスを逃したら一部上場は絶対に無理だ。

そのとき、ほかから、こういう仕事をやってくれないかというオファーが来た。

実はそれは、社長が昔からやりたいことだったたし、すごく興味がある。

本当はやってみたいんだけど、そっちにエネルギーを注いでしまうとこっちがうま

くいかない。

魂はそわそわして、すごく気になっているのですが、そっちをやらずに、自分が設定したものに執着してしまいます。

そのときに、一部上場を逃したら自分は生きがいをなくしてしまうかもしれないし、会社もダメになってしまうかもしれない。

でも、今、流れがこうだから、それに逆らわずにこのオファーに乗ろう。

この契約がうまくいかなかったら、これをもとに戻そうと思ってお金を使ったり、投資する必要はない。

ここはここで受け入れて、面白いと思ったことをやっておこうかなと行動することが、スローリリースです。

地球人は、一部上場に全然つながらないことは、ほかからオファーのあったことが面白くてもやらないのです。

今求めているものにプラスになることはやろうとするけれども、それが畑違いだと思うとやらない。

宇宙人は、全く畑違いでも、それは必然的に生じてくるので、魂が興味を持つのだったら、やってみたらいいと教えます。

遊んでいる感覚でやっていると、そっちがバーッと伸びて、最後につながっていきます。

その契約に執着していると、そっちもおジャンになって潰れてしまいます。

執着しなかったら契約はダメになっても、ほかのエネルギーがグッと寄ってきて、さらにパワーアップしてくる。

こういう半分手放すぐらいの感覚がスローリリースです。

絶対に執着しません。

例えば、彼女をつくるとき、「こいつ、いいな。絶対に彼女にしたい」という思いがパッと来ても、ほかに男がいたり、振られることがあります。

地球人は、彼女しかいないんだ、彼女を逃したらチャンスがないとか、彼女以外にいい女なんかいないと思いますが、宇宙人は、魂の最高の出会いは宇宙が必然的に操っていると知っています。

宇宙人は、
クイックキャッチ&
スローリリースです。
典型的な地球人は、
スローキャッチ&
クイックリリースです。

そのときに最高だと思っても、実は最高はほかにあったりするということを知っているので、うまくいかなくてもそれをリリースする。

リリースすると、その女性がまた振り向いてくることもあります。

地球人はその思い出にこだわって、執着しています。

宇宙人は、クイックキャッチ&スローリリースです。典型的な地球人は、スローキャッチ&クイックリリースです。

一瞬で諦めます。クイックリリースでなければ執着します。執着はノーリリースです。

釣りで言うなら、一瞬で獲物を定めて釣ったら、餌をくわえさせたまま泳がしておくのです。

これが宇宙人のやり方です。

地球人は、迷ったあげくに魚を1匹釣って、すぐ逃がすか、執着して食べてしまうのです。

地球には、いろんな役割の人がいます。

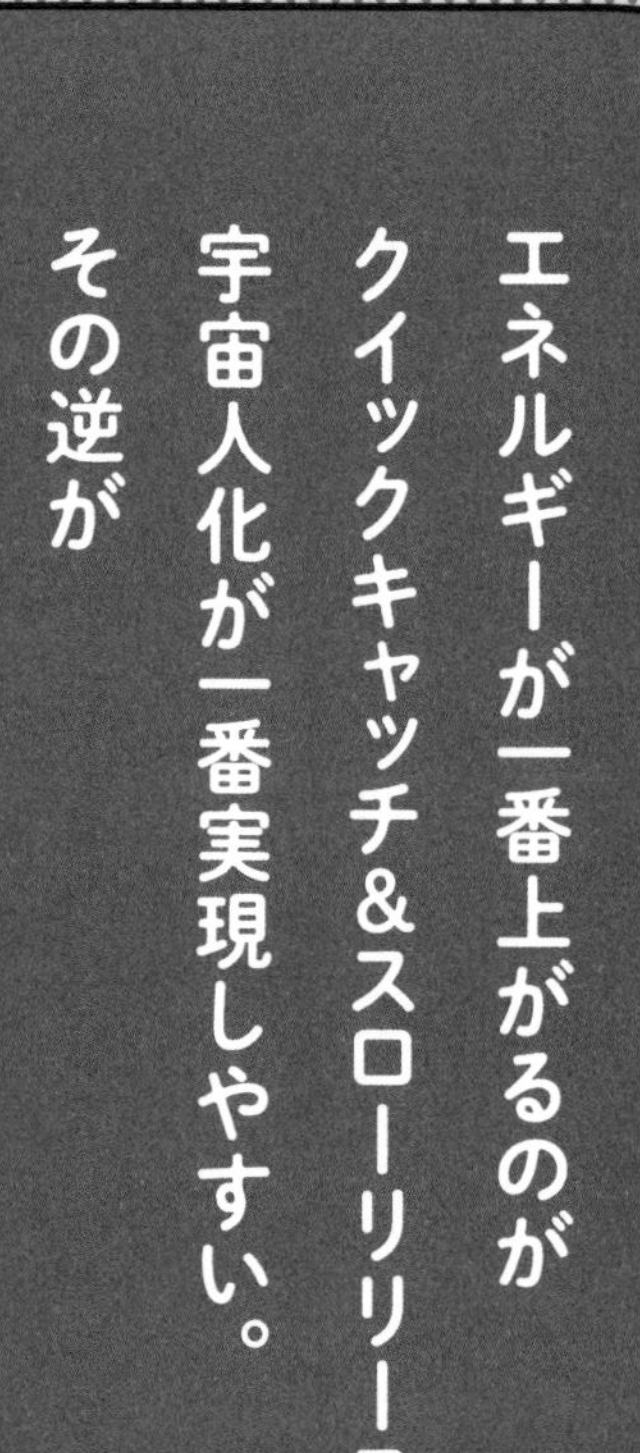

エネルギーが一番上がるのが
クイックキャッチ＆スローリリースで、
宇宙人化が一番実現しやすい。
その逆が
スローキャッチ＆クイックリリースです。

クイックキャッチ&スローリリースが最も宇宙人化しますが、クイックキャッチ&クイックリリースというタイプもいれば、スローキャッチ&スローリリースの人も、スローキャッチ&クイックリリースの人もいます。それぞれあっていいのですが、エネルギーが一番上がるのがクイックキャッチ&スローリリースで、宇宙人化が一番実現しやすい。

その逆がスローキャッチ&クイックリリースです。

クイックキャッチ&クイックリリースの人は、これはダメだとすぐ捨ててしまっていたものを、何となく懐(ふところ)に置いておくだけで、それが勝手に実現してくることがあります。自分の池をつくって、そこに泳がせておくといいのです。

宇宙人になるための究極の秘訣！

Part 6

「ママ八分」を食らおう

宇宙人になるための会話の仕方があります。

地球人は、人の話をよく聞きます。

うんうんと相づちを打つことが聞き上手と評価されます。

宇宙人は、人の話を聞きません。

宇宙人になると、自分のエネルギーを上げることだけに一生懸命なのです。

人のことをかまっていたら、自分のエネルギーは絶対に上がりません。

宇宙人は、自分を愉しませてエネルギーを上げていたら、周囲も愉しむことを知っています。

私がそうです。

私は、どう考えても人を気遣っていないでしょう。

宇宙人は、人の話を聞きません。
宇宙人になると、
自分のエネルギーを上げること
だけに一生懸命なのです。
人のことをかまっていたら、
自分のエネルギーは
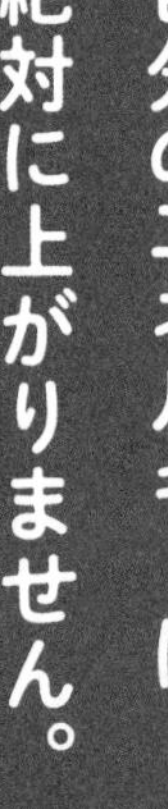
絶対に上がりません。

自分が好きなことしかやっていません。

これが宇宙的な感覚です。

地球人は、会話するとき、最初はじっと聞いていて、話題を読み取って、それを崩さないように会話にそっと入っていきます。

それがビジネスでも美徳とされているし、ママ友も「すてき！　すごーい」と話を合わせます。

あれは困ったもので、内心は違うことを考えていても合わせるのです。

宇宙人は、ママ友が違う話をしていても、いきなり食べ物の話をします。

そこで見分けられます。

マジで話を合わせてきません。

しかも、宇宙人のすごいところは、最初は一瞬、周囲に「えっ？」と思われますが、自分でペースを完全につかむから、食べ物の話に変えさせます。

それは、自分を相手に売っていないわけです。

相手に合わせず、常に自分がドキドキ、うきうき、ワクワク、ぷあぷあすることを

ドバッと浴びせる。

相手はワクワク・ぷあぷあ光線を浴びると抵抗できない。

それに染まるしかありません。

ママ友は気を遣って大変だと思います。

「あなたの○ちゃん、すごい」と人の子どもを褒めたり、自分の子どものほうがいいと思っていてもけなしてみせたり、宇宙人にしたら全くわからない世界です。

地球人は、思っていることと逆のことをやるのです。

だから、あなたが宇宙人になりたいのなら、ママ友の中でムラ八分を狙いなさい。

会社なら、昇格路線からあえて脱線しなさい。

今までは、上司のご機嫌とりをしていたら昇格する。

医学部でも教授のご機嫌とりをしていたら助教授まで行けるということが今まであります。

それをあえてブッ壊して、自分の好きなことを言って、その路線から自分から脱線する。

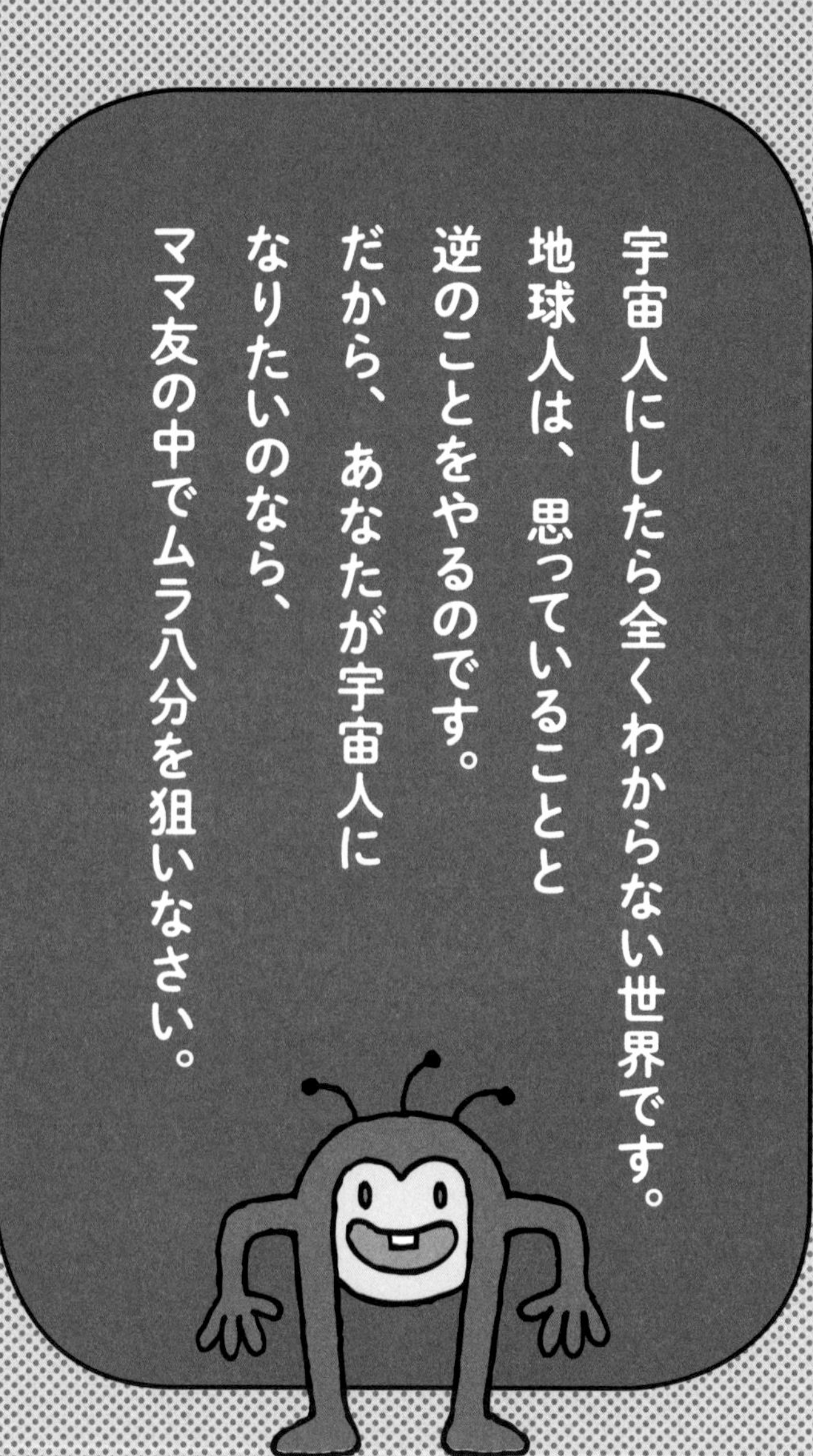
宇宙人にしたら全くわからない世界です。
地球人は、思っていることと
逆のことをやるのです。
だから、あなたが宇宙人に
なりたいのなら、
ママ友の中でムラ八分を狙いなさい。

脱線したら、みんな怖気づいたり頭を下げているからダメになるのです。

脱線した線路を本線にするのが宇宙人です。

今までの常識路線、出世路線、人間つき合い路線はやめて、宇宙人になるのだったら、ムラ八分ならぬ「ママ八分」を食らえばいいのです。

モグラたたきで言うと、地球人は中途半端に頭が出ているから、みんなと違う人はたたかれる。

宇宙人モグラは飛び出てくるから、たたく前に消えてしまって、ゲームしている人の頭にポンと落ちてきます。

それぐらい勢いがあるのです。

ネガティブなところを発信する

地球人はいい人になろうとします。

でも、宇宙人は悪い人になろうとする。

要するに、周りから認められる人間になろうとしないのです。

自分を表現して、周囲に褒めさせる。

褒められるところに入っていくのではなくて、最初は責められたり否定されるところへ入っていって、周囲を変えてしまいます。

地球人は、黒い中に入っていく白い点です。

だから、低次元の黒で染められてしまう。

でも、宇宙人は真っ白の中に入っていく黒い点です。

だから、周りの色をグレーに変えてしまう。

これがエネルギーの違いです。

地球人は周囲に染められる。振動数を変えられる。

宇宙人は、自分が周囲を変えます。この違いがあります。

地球人は、子どものころから親に「あなたのダメなところはここよ」と否定されたり、学校の先生に「おまえはここがダメなんだ」と否定されたり、会社でダメだと言

地球人は、黒い中に入っていく白い点です。
だから、低次元の黒で染められてしまう。
でも、宇宙人は
真っ白の中に入っていく黒い点です。
だから、周りの色を
グレーに変えてしまう。
これがエネルギーの違いです。

われたりして、ダメなところに蓋をしたり、変えようとしてきました。

でも、これから宇宙次元に振動数を上げて次元上昇していきたいのなら、そのダメなところ、隠してきたところをあえてみずから外に発信して、自分はこういう人間だと伝える。

自分は恥ずかしがり屋だったとか、女に振られてばかりだったとか、自分は愛情を知らずに育ったとか、貧乏だったとか、人にだまされてばかりだったとか、自分はみんなが言うダメなところがいっぱいあるんだとネガティブを表現しておくと、ポジティブにポンと大きく変われるのです。

ネガティブをどんどんつくることは、ポジティブをためておくことになるのです。

自分が生まれ変わる。

それが地球人は全然できていない。

自分のイヤなところ、マイナスなところを全部隠そうとして、変えようとしてきました。

でも、マイナスなところを必要としている世界もあります。

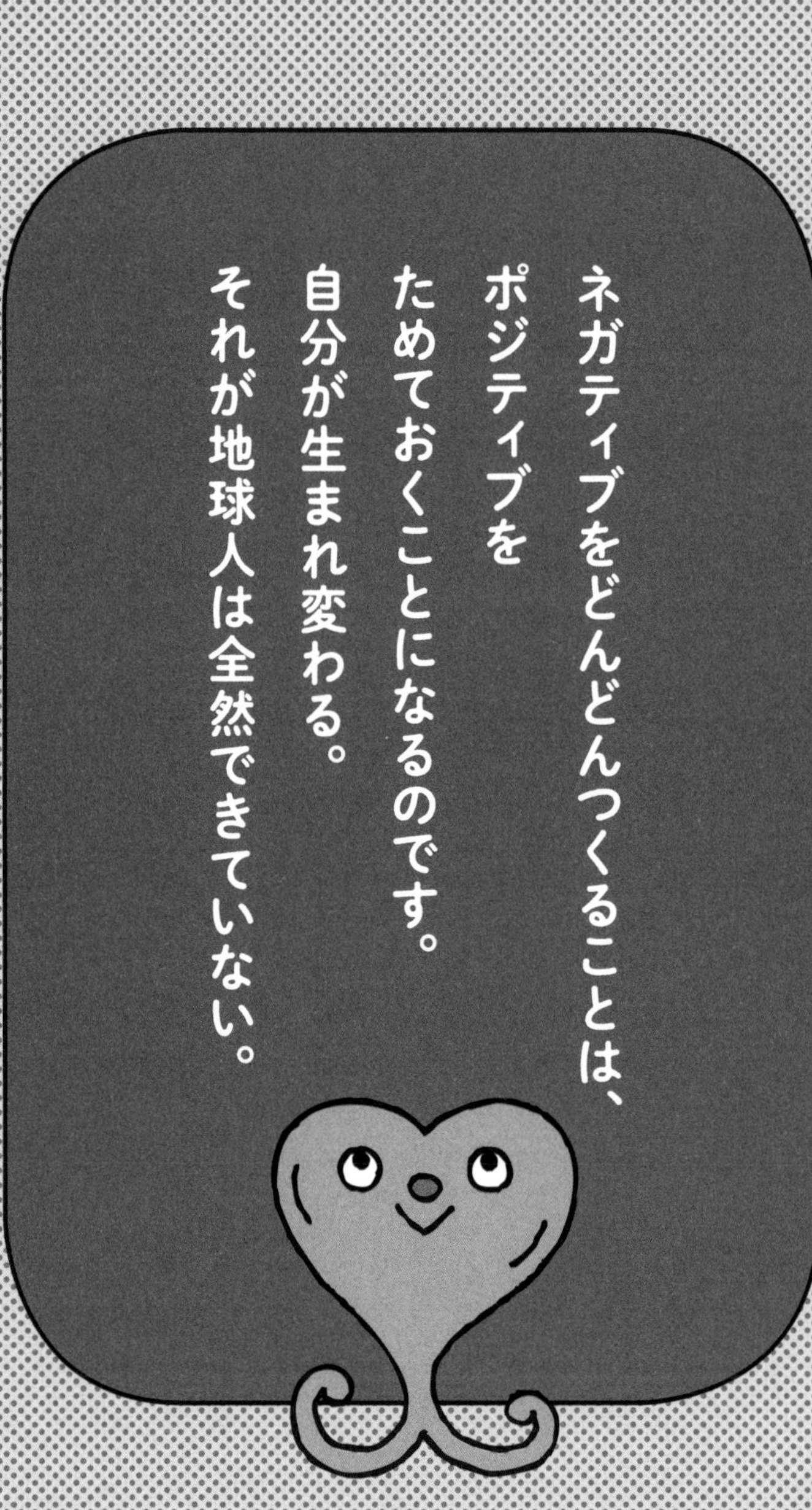
ネガティブをどんどんつくることは、
ポジティブを
ためておくことになるのです。
自分が生まれ変わる。
それが地球人は全然できていない。

例えば、じっと人の話を聞いていて、意見を言わない人がいますが、その意見を必要としている世界もあります。

自分のマイナスなところを隠さずに、それを使っていくことです。

誰も興味がなくても、自分が興味のあることを極める

宇宙人になる一番の近道は、みんなができること、学校でやらされることを捨てて、自分が興味を持っていること、鉄道オタクでも何でもいいのですが、それを極めることです。

例えば「ようかいけむり」という、指をこすったら煙が出るおもちゃがありましたが、あれのマニアになって、煙を嗅いだだけで銘柄を言えるとか、それぐらいになると、その能力を必要とする人が必ず出てきます。

そういうのがエンターテインメントに使えるかもしれないし、本を書けるかもしれ

小さいことでもいいので、
誰も知らないところまで
とことんやったら大成功して、
大富豪になれます。
そのことを
宇宙人は一番よく知っています。

ない。

小さいことでもいいので、誰も知らないところまでとことん追求すれば、大成功して、大富豪になれます。

そのことを宇宙人は一番よく知っています。

地球人は、これしか興味を持てないのに、こんなことをやっても仕事にならないよと親とか社会が止めてしまうからダメなのです。

寝る暇もなくとことんやらせれば、その子どもは地球の誰よりもそのことについては知っていることになり、それだけで人もお金も寄ってきます。

さかなクンではまだ弱い。

もっと極めて、魚の感情までわかるとか、魚の種類によって性格までわかるとか、それぐらいいけばいいと思います。

宇宙人になることは結構難しいと思いますが、一つのアドバイスとして、誰もが興味あることはチャンスが少ない。

誰も興味がないことをやると変態と思われて、「あいつ、あんなことに興味を持っ

高気圧、低気圧は
何で生じたのかということを、
今まで誰も言ってきませんでした。
これは地球の生命体、植物たちの
感情とか意識につながっています。
スギはスギの集合意識で
考え方を持っています。

てバカだ」とか、「あんなことをやっても何もならない」と、こきおろされますが、そういうものにチャンスがあります。

それだけやり続けるのです。

人の家系図を見て、何代目でどの人の性格が出ていて、何代目で大成できるとわかると面白いと思います。

例えば、こういう症状の人はこの昆虫を飼うといいという昆虫セラピーとか、熱帯魚にはいろいろな色がありますが、こういう症状の人はこういう熱帯魚、元気を出したい人にはこの熱帯魚というエネルギーを研究すると、その分野ではトップになります。

そういうことで世界を一気にひっくり返すことができます。

あるいは、過去生を見ることができる人はいっぱいいますが、あなたはどこの誰のエネルギーが何%、誰のエネルギーが何%と読むと面白い。

例えば２０２０年は、本土を直撃すると予想されていた台風が、４つともに、私が言っているとおり、日本列島を避けていきました。

ヒノキはヒノキの、
桜は桜の意識があります。
それぞれが絡み合って
気象ができてくるのです。
海のプランクトンも
もちろん絡んできます。

あれだけ高気圧が張るわけがないので、メディアが不思議に思って当然なのに全然報道されていません。

高気圧、低気圧は何で生じたのかということを、今まで誰も言ってきませんでした。

これは地球の生命体、植物たちの感情とか意識につながっています。

スギはスギの集合意識で考え方を持っています。

ヒノキはヒノキの、桜は桜の意識があります。

それぞれが絡み合って気象ができてくるのです。

海のプランクトンももちろん絡んできます。

今まで地球は、何で高気圧が生じているのかを見逃していました。

そういうことを誰も解明してきませんでした。

そこに植物とか、プランクトンとか、そういうものの意識を捉えていくようにならないといけません。

松果体でピュアなコミュニケーション

地球人は、地球人としかコミュニケーションできません。

なぜかというと、自分のエネルギーの幅が狭いのです。

バシャールが言うように、人間の生命エネルギーは8〜9万ヘルツにあり、振り子の幅が狭いのです。

宇宙人は、地球人とも、植物、動物とも交流できます。

進化した宇宙人は自分のエネルギーをフレキシブルに変えられるので、植物のレベルに意識を合わせようと思ったらできるし、微生物に合わせようと思ったらできます。

人間は人間としか交流できません。

もう一つ、地球人のコミュニケーションは、言葉と文字、表情で相手の感情とか考えを読み取ります。

でも、表情や言葉、文字はごまかす人もいます。

宇宙人は、松果体の光りぐあいとかの振動で、その人が真剣かどうか、本当にそういう人間かということを読むので、言葉や文字に頼らなくなります。

宇宙人は、言葉でなくて松果体でコミュニケーションします。

「あなたが好きよ」とピリピリと送ると、「私も好きよ」とピリピリと送り返してくる。


おでこのあたりでムズムズ交流するのです。

昔の時代は丹田で交流していました。

今は進化してきてハートで交流するのですが、ハートには脳が入っていますから、結構ごまかすことができます。

相手の母性にすがったり、優しさに甘えたりする。

でも、松果体は脳を使えないから、ごまかしが利きません。

宇宙人のコミュニケーションはごまかしが利かないから、非常にピュアです。

ストレートですから、ごまかしたりウソをつく地球人からすると強烈です。

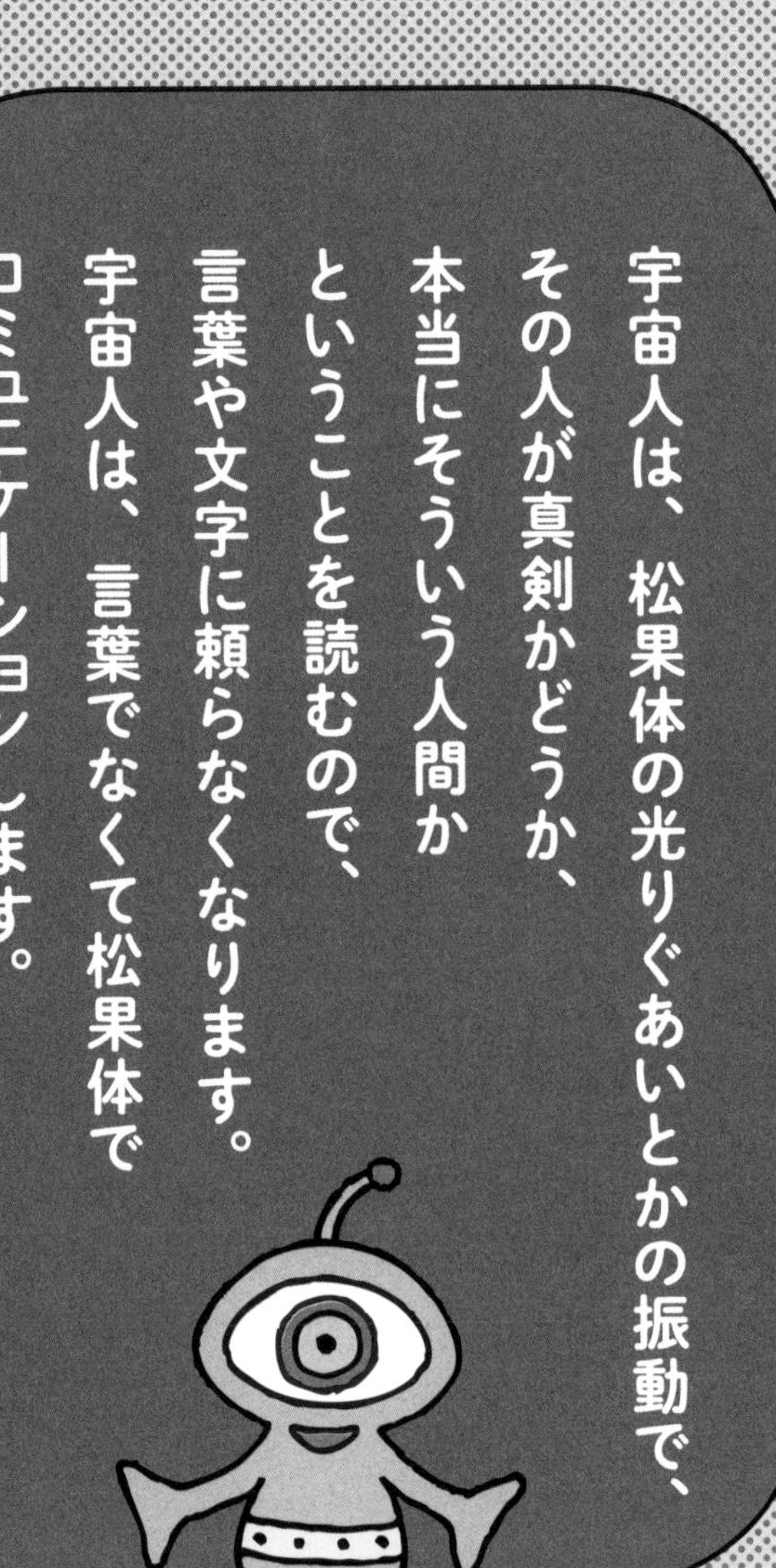
宇宙人は、松果体の光りぐあいとかの振動で、
その人が真剣かどうか、
本当にそういう人間か
ということを読むので、
言葉や文字に頼らなくなります。
宇宙人は、言葉でなくて松果体で
コミュニケーションします。

これから人間の中にも宇宙人レベルの人が出てきて、会話が成り立たないとか、そういう人がふえてくると思います。

みんなで焼き肉を食べようと言っているのに、俺は焼肉は要らないと一人でたこ焼きを食べたり、そういうことを普通にやるのです。

宇宙人は、矛盾こそ我が人生です。

人と約束したら、約束を守るのが地球人です。

宇宙人は約束を忘れてしまう。

自由に、自分の魂のままに行動する。

脳を使っていないから、そのときの魂の感覚で行動します。

宇宙人は記憶をあまり持ちません。

脳が未発達だから、過去にこうしたとか、ああしたというのは何となく覚えていますが、鮮明ではないのです。

だから、地球人が「あのとき、あなた、私と結婚してくれると言ったじゃない」と言っても、「知らないよ」と言うのが宇宙人です。

宇宙人は、矛盾こそ我が人生です。
宇宙人は約束を忘れてしまう。
自由に、
自分の魂のままに行動する。
脳を使っていないから、
そのときの魂の感覚で揺れ動きます。

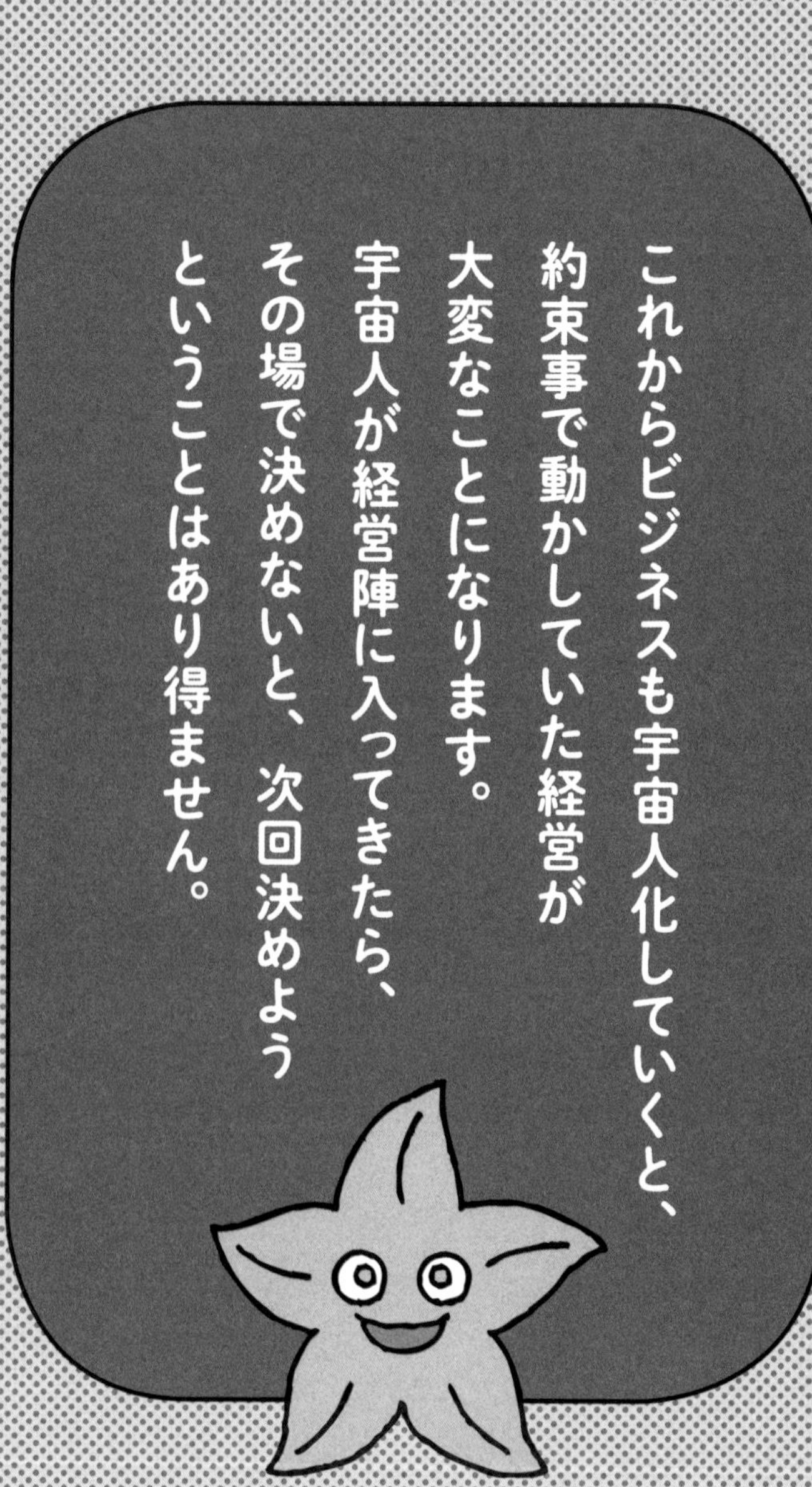
これからビジネスも宇宙人化していくと、
約束事で動かしていた経営が
大変なことになります。
宇宙人が経営陣に入ってきたら、
その場で決めないと、次回決めよう
ということはあり得ません。

これからビジネスも宇宙人化していくと、約束事で動かしていた経営が大変なことになります。

宇宙人が経営陣に入ってきたら、その場で決めないと、次回決めようということはあり得ません。

これがあなたの
宇宙人度！

Part 7

宇宙人度チェックリスト

あなたの宇宙人度をチェックしてみましょう。

①すぐ人に合わせてしまう。
②自分の意見を言うのが苦手だ。
③自分を犠牲にしてでも人を助けることが大事だ。
④人に嫌われたくない。
⑤いつも「いい人ね」と言われたい。
⑥目立つことはしたくない。
⑦友達がいないと生きていけない。
⑧自分が人にどう見られているか、いつも気になる。

⑨仕事は、イヤなことでも我慢してするべきものだ。
⑩どうせ自分の望みなんてかなわないと思っている。

あなたは、この項目に幾つ当てはまりますか。

0個　　　宇宙人合格！
1～3個　宇宙人入門生。
4～6個　移行型地球人。
7～9個　もがき型地球人。
10個　　超もがき型地球人。

エネルギーを上げると、富もついてくる

自分を変えたい、宇宙人になりたいと言って、スピリチュアルをいろいろ学んだり、人生哲学を学んだりしている地球人はたくさんいますが、お金持ちになること、ぜいたくな暮らしをすることは悪だと捉える風潮が強いのです。

そうすると、矛盾が生まれます。

宇宙では、何もなくても自分が存在しているだけで幸福という、無条件の幸福（スーパーハピネス）を簡単につくれます。

地球には物質がありますから、地球人はモノを持つことの喜びとか、モノと戯れる喜びが強いのです。

これから地球人が宇宙人になるためにエネルギーを上げていくと、振動数や波動はどんどん上がっていきますが、地球からどんどん浮いていってしまいます。

地球にオサラバするのだったらいいのですが、地球に居続けて自分を成長させていくというスタンスをとるならば、地球に足をしっかりとつけていないとダメなのです。

そのためには多少ぜいたくしたり、いい暮らしをしたり、好きなことをする、わがままをすることが逆に大事なんです。

今までの地球人は、ぜいたくしようとか、お金持ちになろうとすることに罪悪感をもって行動してきました。

しかし、宇宙のエネルギーを上げていこう、自分を進化・成長させていこうとすると、宇宙の叡智が入ることに比例して、地球の叡智もどんどん入ってきます。

そうすると、地球の豊かさがついてくるのです。

エネルギーの高い人間には、地球の喜びがついてくる。

つまり、カネも、モノも、ぜいたくな暮らしもついてきます。

地球人はそのことを知らないので、精神的な成長と富とは別だと考えています。

マザー・テレサやダライ・ラマは、ぜいたくをよしとしてきませんでしたが、地球人の喜びは、地球でいいモノに触れたり、豊かな生活をすることです。

これからは、エネルギーを上げる人は地球にいるからこそ富にも恵まれます。

エネルギーを上げることは精神的にすばらしいだけでなく、必ず地球の生活も、みんながうらやむような生活になっていきます。

このことを知らないと、お金持ちになってはいけないとか、格好ばかりつけるようになります。

平等ということはあり得ないので、自分は人よりいい生活をしたいと堂々と言っていい時代です。

そのためには、自分のエネルギーを上げることです。人にエネルギーを授けることができるような存在になったら、自分をサポートするものが寄ってきます。きれいごとでなく、地球で思いきりぜいたくして、うらやましがられる生き方をしましょう。

88次元 Fa-A ドクタードルフィン
松久 正　Tadashi Matsuhisa
鎌倉ドクタードルフィン診療所院長

医師（慶応義塾大学医学部卒）、米国公認ドクターオブカイロプラクティック（Palmer College of Chiropractic 卒）

超次元・超時空間 DNA オペレーション医学 & 松果体覚醒医学
Super Dimensional DNA Operation Medicine（SD-DOM）& Pituitary Activation Medicine（SD-PAM）

神と高次元存在を覚醒させ、人類と地球、社会と医学の次元上昇を使命とする。

人類を含む地球生命と宇宙生命の松果体覚醒、並びに、高次元 DNA の書き換えを担う。

対面診療には、全国各地・海外からの新規患者予約が数年待ち。世界初の遠隔診療を世に発信。

セミナー・講演会、ライブショー、ツアー、スクール（学園、塾）開催、ラジオ、ブログ、メルマガ、動画で活躍中。ドクタードルフィン公式メールマガジン（無料）配信中（HP で登録）、プレミアム動画サロン・ドクタードルフィン Diamond 倶楽部（有料メンバー制）は随時入会受付中。


多数の著書があるが、単独著者本として代表的なものは、『松果体革命』(2018年度出版社 No.1ベストセラー)『Dr. ドルフィンの地球人革命』（ナチュラルスピリット）『ワクワクからぷあぷあへ』（ライトワーカー）『からまった心と体のほどきかた 古い自分を解き放ち、ほんとうの自分を取りもどす』(PHP 研究所)『死と病気は芸術だ！』『シリウス旅行記』(VOICE)『至高神 大宇宙大和神の教え』『卑弥呼と天照大御神の復活』『神医学』『ピラミッド封印解除・超覚醒　明かされる秘密』『神ドクター Doctor of God』(青林堂)『宇宙人と地球人の解体新書』『多次元パラレル自分宇宙』（徳間書店）『我が名はヨシュア』『幸せ DNA をオンにするには潜在意識を眠らせなさい』（明窓出版）『「世界遺産：屋久杉」と「宇宙遺産：ドクタードルフィン」』『イルミナティとフリーメイソンとドクタードルフィン』『ウィルスの愛と人類の進化』『龍・鳳凰と人類覚醒』『菊理姫（ククリヒメ）神降臨なり』『令和の DNA 0 ＝∞医学』『ドクタードルフィンの高次元 DNA コード』『ドクター・ドルフィンのシリウス超医学』『水晶（珪素）化する地球人の秘密』（ヒカルランド）等の話題作がある。また、『「首の後ろを押す」と病気が治る』は健康本の大ベストセラーになっており、『「首の後ろを押す」と病気が勝手に治りだす』（ともにマキノ出版）はその最新版。今後も続々と新刊本を出版予定で、世界で今、最も影響力のある存在である。

公式ホームページ　http://drdolphin.jp/

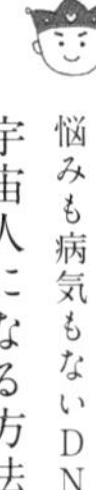

悩みも病気もないＤＮＡ
宇宙人になる方法

第一刷　２０２１年２月28日

著者　松久　正

発行人　石井健資
発行所　株式会社ヒカルランド
〒１６２-０８２１　東京都新宿区津久戸町３-11　ＴＨ１ビル６Ｆ
電話　０３-６２６５-０８５２　ファックス　０３-６２６５-０８５３
http://www.hikaruland.co.jp　info@hikaruland.co.jp
振替　００１８０-８-４９６５８７

本文・カバー・製本　中央精版印刷株式会社
ＤＴＰ　株式会社キャップス
編集担当　高島敏子／溝口立太

ISBN978-4-86471-959-9

地上の星☆ヒカルランド　銀河より届く愛と叡智の宅配便

高次元ネオシリウスからの素晴らしいギフト！

DNAを書きかえる超波動

シリウスランゲージ

色と幾何学図形のエナジー曼荼羅

著者 ――――――――
88次元 Fa-A ドクタードルフィン 松久 正
曼荼羅アーティスト 茶谷洋子
本体：10,000円＋税

14枚の波動絵&解説書の豪華BOXセット！

88次元 Fa-A ドクタードルフィン松久正氏と新進気鋭の曼荼羅アーティスト茶谷洋子氏とのコラボレーションにより、高次元ネオシリウスのエネルギーが封入されたパワーアートグッズが完成。「人類が救いを必要とするテーマ」を高次元昇華させる14枚のカードとドクタードルフィンによる解説書が入った豪華BOXセット！　多次元体をヒーリングし、人類をシリウス愛の波動へと誘う人生処方箋！

も効果的とは言えません。また、珪素には他の栄養素の吸収を助け、必要とする各組織に運ぶ役割もあります。そこで開発元では、珪素と一緒に配合するものは何がよいか、その配合率はどれくらいがよいかを追求し、珪素の特長を最大限に引き出す配合を実現。また、健康被害が懸念される添加物は一切使用しない、珪素の原料も安全性をクリアしたものを使うなど、消費者のことを考えた開発を志しています。

手軽に使える液体タイプ、必須栄養素をバランスよく摂れる錠剤タイプ、さらに珪素を使ったお肌に優しいクリームまで、用途にあわせて選べます。

◎ドクタードルフィン先生一押しはコレ！　便利な水溶性珪素「レクステラ」

天然の水晶から抽出された濃縮溶液でドクタードルフィン先生も一番のオススメです。水晶を飲むの？　安全なの？　と思われる方もご安心を。「レクステラ」は水に完全に溶解した状態（アモルファス化）の珪素ですから、体内に石が蓄積するようなことはありません。この水溶性の珪素は、釘を入れても錆びず、油に注ぐと混ざるなど、目に見える実験で珪素の特長がよくわかります。そして、何より使い勝手がよく、あらゆる方法で珪素を摂ることができるのが嬉しい！　いろいろ試しながら珪素のチカラをご体感いただけます。

レクステラ（水溶性珪素）
■ 500㎖　21,600円（税込）

飲みものに
・コーヒー、ジュース、お酒などに10〜20滴添加。アルカリ性に近くなり身体にやさしくなります。お酒に入れれば、翌朝スッキリ！

食べものに
・ラーメン、味噌汁、ご飯ものなどにワンプッシュ。

料理に
・ボールに１リットルあたり20〜30滴入れてつけると洗浄効果が。
・調理の際に入れれば素材の味が引き立ち美味しく変化。
・お米を研ぐときに、20〜30滴入れて洗ったり、炊飯時にもワンプッシュ。
・ペットの飲み水や、えさにも５〜10滴。（ペットの体重により、調節してください）

●使用目安：１日あたり４〜16㎖

ヒカルランドパーク取扱い商品に関するお問い合わせ等は
電話：03−5225−2671（平日10時−17時）
メール：info@hikarulandpark.jp　URL：http://www.hikaruland.co.jp/

＊ご案内の価格、その他情報は発行日時点のものとなります。

ドクタードルフィン先生も太鼓判！
生命維持に必要不可欠な珪素を効率的・安全に補給

◎珪素は人間の健康・美容に必須の自然元素

珪素（イメージ）

地球上でもっとも多く存在している元素は酸素ですが、その次に多いのが珪素だということはあまり知られていません。藻類の一種である珪素は、シリコンとも呼ばれ、自然界に存在する非金属の元素です。長い年月をかけながら海底や湖底・土壌につもり、純度の高い珪素の化石は透明な水晶になります。また、珪素には土壌や鉱物に結晶化した状態で存在している水晶のような鉱物由来のものと、籾殻のように微生物や植物酵素によって非結晶になった状態で存在している植物由来の２種類に分けられます。
そんな珪素が今健康・美容業界で注目を集めています。もともと地球上に多く存在することからも、生物にとって重要なことは推測できますが、心臓や肝臓、肺といった「臓器」、血管や神経、リンパといった「器官」、さらに、皮膚や髪、爪など、人体が構成される段階で欠かせない第14番目の自然元素として、体と心が必要とする唯一無比の役割を果たしています。
珪素は人間の体内にも存在しますが、近年は食生活や生活習慣の変化などによって珪素不足の人が増え続け、日本人のほぼ全員が珪素不足に陥っているとの調査報告もあります。また、珪素は加齢とともに減少していきます。体内の珪素が欠乏すると、偏頭痛、肩こり、肌荒れ、抜け毛、骨の劣化、血管に脂肪がつきやすくなるなど、様々な不調や老化の原因になります。しかし、食品に含まれる珪素の量はごくわずか。食事で十分な量の珪素を補うことはとても困難です。そこで、健康を維持し若々しく充実した人生を送るためにも、珪素をいかに効率的に摂っていくかが求められてきます。

こんなに期待できる！　珪素のチカラ

●健康サポート　●ダイエット補助（脂肪分解）　●お悩み肌の方に
●ミトコンドリアの活性化　●静菌作用　●デトックス効果
●消炎性／抗酸化　●細胞の賦活性　●腸内の活性　●ミネラル補給
●叡智の供給源・松果体の活性　●免疫の司令塔・胸腺の活性　●再生作用

◎安全・効果的・高品質！　珪素補給に最適な「レクステラ」シリーズ

珪素を安全かつ効率的に補給できるよう研究に研究を重ね、たゆまない品質向上への取り組みによって製品化された「レクステラ」シリーズは、ドクタードルフィン先生もお気に入りの、オススメのブランドです。
珪素は体に重要ではありますが、体内の主要成分ではなく、珪素だけを多量に摂って

ヒカルランド　好評既刊！

地上の星☆ヒカルランド　銀河より届く愛と叡智の宅配便

高次元シリウスが伝えたい
水晶（珪素）化する地球人の秘密
著者：ドクタードルフィン 松久正
四六ソフト　本体 1,620円+税

ドクター・ドルフィンの
シリウス超医学
地球人の仕組みと進化
著者：∞ishi ドクタードルフィン 松久 正
四六ハード　本体 1,815円+税

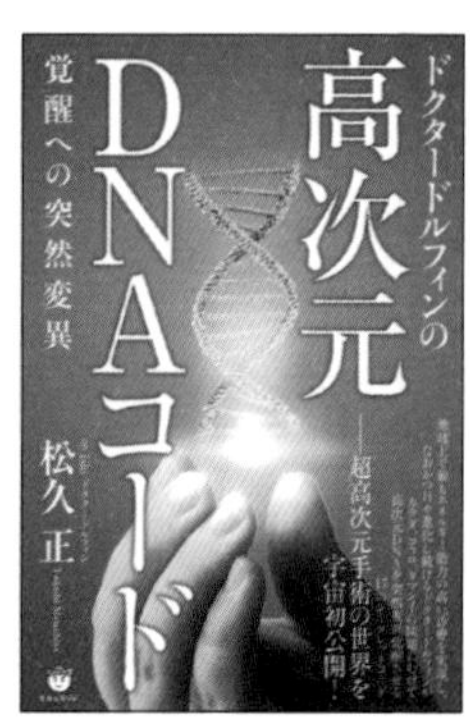

ドクタードルフィンの
高次元DNAコード
覚醒への突然変異
著者：∞ishi ドクタードルフィン 松久 正
四六ハード　本体 1,815円+税

令和のDNA
0＝∞医学
著者：∞ishi ドクタードルフィン 松久 正
四六ハード　本体 1,800円+税

菊理姫（ククリヒメ）神降臨なり
著者：ドクタードルフィン 松久正
四六ハード　本体 1,800円+税

宇宙からの覚醒爆弾
『炎上チルドレン』
著者：松久 正／池川 明／高橋 徳／胡桃のお／大久保真理／小笠原英晃
四六ソフト　本体 1,800円+税

ヒカルランド　好評既刊！

地上の星☆ヒカルランド　銀河より届く愛と叡智の宅配便

「世界遺産：屋久杉」と「宇宙遺産：ドクタードルフィン」
みろくの世とスーパーガイア
著者：松久 正
四六ハード　本体 1,800円+税

イルミナティとフリーメイソンとドクタードルフィン
著者：88次元 Fa-A ドクタードルフィン 松久 正
四六ハード　本体 1,800円+税

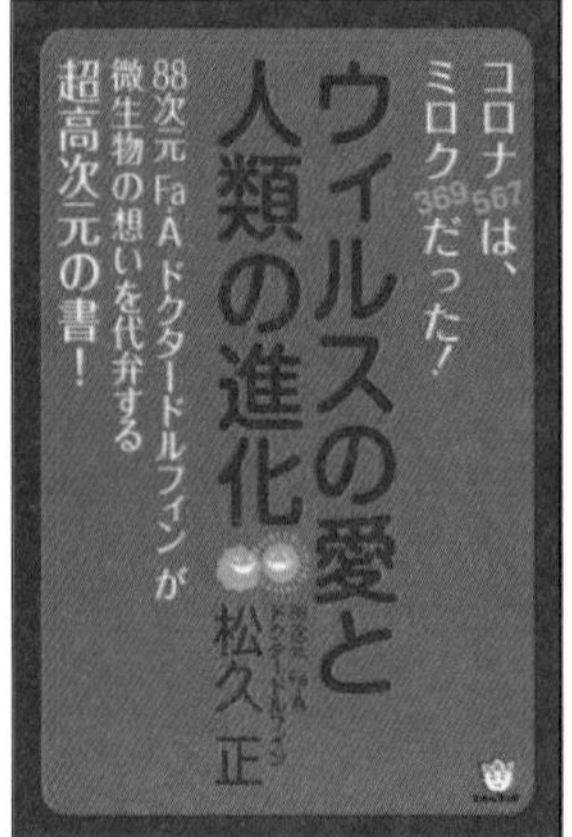

ウィルスの愛と人類の進化
著者：88次元 Fa-A ドクタードルフィン 松久 正
四六ハード　本体 1,600円+税

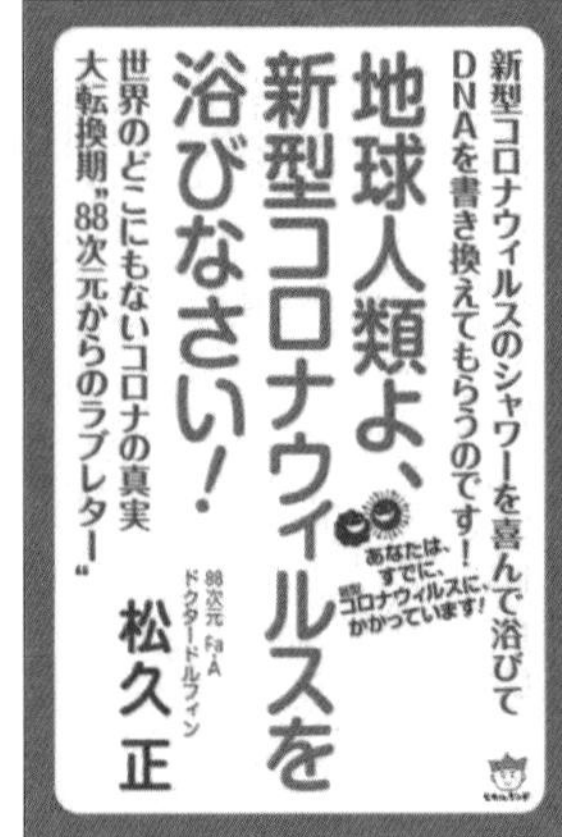

地球人類よ、新型コロナウィルスを浴びなさい！
著者：88次元 Fa-A ドクタードルフィン 松久 正
四六ハード　本体 1,800円+税